되받아치는 기술

출판은 사람과 나무 사이에서 이루어지는 가치 있는 일입니다.
도서출판 사람과나무사이는 의미 있고 울림 있는 책으로 독자의 삶을
좀 더 풍요롭게 만들기 위해 최선을 다하겠습니다.

되받아 치는 기술

이오타 다쓰나리 지음
서수지 옮김 | 주노 그림

사람과
나무사이

되받아치는 기술

1판 1쇄 발행 2022년 4월 30일
1판 4쇄 발행 2023년 6월 22일

지은이 이오타 다쓰나리
옮긴이 서수지
펴낸이 이재두
펴낸곳 사람과나무사이
등록번호 2014년 9월 23일(제2014-000177호)
주소 경기도 고양시 일산서구 강선로 142, 1701동 302호
전화 (031)815-7176 팩스 (031)601-6181
이메일 saram_namu@naver.com
일러스트 주노
표지디자인 박대성
본문디자인 유경희

ISBN 979-11-88635-62-7 03190

잘못된 책은 구입하신 곳에서 바꾸어 드립니다.

"너에게서 나온 것은 너에게로 돌아간다."

— 맹자

무례하고 공감력 없는 말로 선 넘는 상대를 우아하게 제압하는 37가지 방법

"뭐라고? 말대꾸하는 거야? 시끄럽다니까! 몇 번을 말해야 알아들어?"

"너처럼 무능한 놈을 돈 주고 쓰는 내가 바보지. 월급 받는 만큼은 일해야 할 거 아냐!"

"토끼처럼 귀여운 아이들 낳고 싶지 않아? 결혼은 해야지. 사귀는 사람 있지? 결혼은 언제 할 건데? 만나는 사람 진짜 없어?"

"굼벵이도 너보다 빠르겠다. 일하는 속도가 그게 뭐야. 느려터져서. 어이구, 속 터져. 그러고도 월급을 받냐? 부럽다, 부러워. 세상 진짜 편하게 산다."

예고도 없이 욱하는 사람, 손발이 벌벌 떨리게 무서운 괴롭힘, 찝찝한 성희롱, 에둘러 말하며 빈정대며 비꼬는 사람……. 정말, 짜증납니다.

혈압이 솟구칩니다. 울화통이 터져 화병으로 몸져누울 지경이에요. 화가 머리끝까지 치밀어요. 너무 얄미워서 내 눈앞에서 제발 사라져주기를 두 손 모아 간절하게 빌고 또 빕니다.

매사 성실하게, 열심히 노력하는 사람은 억울한 말을 들으면 무심코 되받아치고 싶어집니다. 이쪽에도 나름대로 사정이 있다고 설명하거나, 너무 심한 말은 하지 말라고 살살 어르고 달래거나, 제발 그만하라고 통사정을 할 때도 있습니다.

물론 통하지 않습니다. 열심히 반론해보지만 아무 소용없습니다. 벽에 대고 말하는 것 같죠.

정론을 들이대면 어디 한번 해보자는 거냐며 더욱 기세를 높이고 씩씩대며 덤벼들어 물고 늘어집니다. 화제를 바꾸면 어디서 슬그머니 말을 돌리냐며 버럭 성질을 냅니다.

정말 이상하죠. 차근차근 설명하면 이해해줄 줄 알았는데……. 가슴이 답답해집니다. 결국 '입을 다무는 게 최선'이라며 포기해버립니다. 차츰 아무 말도 하지 않고 입을 닫고 지내게 됩니다. '그래, 내가 참아야지. 그 방법밖에 없어'라고 생각합니다.

이렇게 속으로 삭이고 넘어가면 당장의 상황은 어떻게든

수습됩니다. 그런데 상처받고 속상한 내 기분은 어떻게 해야 할까요. 자존심에 생채기가 나고 너무도 억울합니다.

'왜 내가 저런 말을 들어야 하지?'

가슴속에 남은 앙금이 응어리져서 명치 언저리가 답답합니다.

'이번에는 그냥 넘어가지만 다음에는 가만있지 않겠어!'

마음을 다잡고 다음에는 확실하게 되받아치겠다고 다짐해 봅니다.

그런데 실제로 비슷한 상황이 다시 닥치면 역시 꿀 먹은 벙어리가 되고 맙니다. 그렇게 원점으로 되돌아옵니다. 무한 반복되는 이 상황에서 벗어날 방법이 없습니다.

왜 이렇게 되었을까요?

짜증나는 그 사람에게 딱 부러지게 되받아쳐줄 방법은 없을까요?

'잘못된 방법으로 되받아치고' 있는 것은 아닐까?

누군가의 신경을 살살 긁으며 성질을 돋우는 사람에게는 나름대로 꿍꿍이가 있습니다.

'마음에 안 드는 저 녀석, 괴롭혀주고 싶군.'

'짜증나는데 만만한 저 사람에게 대신 화풀이할까?'

이런 마음뿐 아니라 누군가 자신을 인정해주기 바라는 자의식 과잉 등 다양한 심리가 배경에 도사리고 있습니다. 그런데 당하기만 하는 사람 눈에는 그 배배 꼬인 심리가 보이지 않습니다. 당연합니다. 꼴 보기 싫은 사람의 마음속까지 생각해줄 여유는 없으니까요. 그래서 눈에는 눈, 이에는 이 식으로, 내 기분을 상하게 했으니 같이 당해보라며 화를 내거나 이를 악물고 한 마디 한 마디 또박또박 되받아치곤 합니다.

이런 방식은 전혀 효과가 없습니다. 상대는 반성은커녕 입을 다물 새도 없이 퍼부어댑니다. 어설픈 대거리가 오히려 상대를 자극해 더욱 날뛰며 잡아먹을 듯 으르렁대기 시작합니다. 긁어 부스럼 만든 꼴이라고 할까요? 속 시원히 할 말을 했다는 쾌감도 없습니다. 요컨대 잘못된 방법으로 되받아친 셈입니다.

상대의 속내를 모른 채 입에서 나오는 대로 되받아치는 한 틈만 나면 나를 물고 뜯으며 괴롭히는 상대를 격퇴할 수 없습니다. 소모적인 언쟁을 수시로 반복해야 합니다. 결코 한 방 먹었다는 표정으로 입 다물고 꼬리 내린 채 물러나지 않습니다.

하고 싶은 말도 제대로 못해 곪아 터진 속은 속대로 답답합니다. 더는 견딜 수 없는 지경에 다다랐습니다. 이대로 가면 끝장일 것 같은데, 도대체 어떻게 해야 할까요? 험악한 분위기를 만들고 싶지는 않아요. 그래도 지금처럼 할 말도 못하고 당하기는 싫습니다.

짜증나는 상대에게 확실하게 되받아쳐서 사과를 받고 반성하게 하고 내 기분도 후련해지는 마법 같은 '되받아치는 기술' 어디 없을까요?

화를 돋우는 그 사람에게 속 시원히 되받아치는 기술

화가 치밀게 만드는 사람에게는 그 사람의 '급소'를 찌르는 한마디로 되받아치는 효과적인 전략을 구사해야 합니다. 이때 냉정하고 단호하게 되받아치는 게 비결입니다.

치명적인 일격을 당한 상대는 순간적으로 무척 놀라며 겁을 냅니다. 흠칫 움츠러들어 눈치를 살핍니다. 달려들지도 않거니와 꼬치꼬치 트집을 잡으며 똑같은 말을 반복하지도 않습니다. "너무 심한 말 아냐?" "가만 두지 않겠어!"라며 성내거나 복수를 다짐하지도 않습니다. 그저 조용하고 재빠르게 꼬리를 내리고 후퇴합니다. 그리고 두 번 다시 여러분을 향해 함부로 말하지 않을 것입니다.

이제 좀 살 것 같습니다. 평화를 되찾았어요. 가슴을 짓누르고 있던 답답함이 말끔히 사라졌습니다. 스트레스가 사라진 홀가분한 마음으로 평소 생활을 이어나갈 수 있습니다. 그리고 행복하게 오래오래 잘 살면 됩니다!

***

이 책에는 가까이에서 우리를 화나게 하는 사람을 유형별로 구분해 효과적으로 올바르게 '되받아치는 방법'을 37개 항목으로 정리해 놓았습니다.

단호하게 반격하는 방법. 정확하게 급소를 찌르는 한마디. 지금까지 잘 알려지지 않았던 '고수의 비법'이지만 오늘부터 당장 누구나 실천할 수 있는 '간단한 방법'입니다.

더는 참지 마세요. 이제부터는 딱 부러지게 되받아칩시다. 여러분의 용기와 평온한 하루하루를 진심으로 기원합니다!

| 차례 |

| part 2 |

공감력 없는 말로 화가 치밀게 하는 사람에게 되받아치기

| part 3 |

교만한 말로 남을 무시하는 사람에게 되받아치기

| part 4 |

이기적이고 배려심 없는 말로 속을 뒤집어놓는 사람에게 되받아치기

본문에서 소개하는 '짜증 지수'는
일본 전국 20~60세 남녀를 대상으로 한
설문조사 결과를 정리한 내용입니다.

part 1

무례한 말로 선 넘는 사람에게 되받아치기

| 되받아치는 기술 1 |

막말을 퍼붓는 사람에게는 "yes, but"으로 되받아친다

"야, 너 진짜 일머리 없다. 머리가 그렇게 안 돌아가? 밤새겠네, 밤새겠어!"

"할머니 옷 입고 왔어? 요즘 누가 그런 옷을 입나? 유행을 따라가진 못해도 최소한 촌스럽게 보이진 말아야지. 그 옷은 너무했다, 야!"

"뭔가 양념이 빠진 것 같지 않아? 뭔가 맛이 부족하잖아. 요리 실력은 영~ 늘질 않네?!"

듣는 사람이 상처받을 말을 아무렇지도 않게 하는 사람, 상대에게 모욕감 주는 말을 얼굴 똑바로 쳐다보면서 내뱉는 사람, 이런 사람 어디에나 꼭 있다.

야, 너 진짜 일머리 없다.
머리가 그렇게 안 돌아가?
밤새겠네, 밤새겠어!
그러게 말야
내가 일처리가 좀 느리지
그런데 늦게 알려준 건 너잖아?
헉!
…

속상하고 억울하고 화도 난다. '내가 왜 저 사람한테 이런 말을 들어야 하지? 내 잘못이 아니잖아? 그러는 자긴 뭐가 그렇게 잘났는데……?!'

"사돈 남 말 하시네. 마감이 코앞인데 자기 할 일 못 끝내고 깔아뭉개고 있는 사람이 누군데?"

"요즘에는 일부러 시간 내서 옷도 사고 패션 잡지도 구독하며 나름대로 신경 쓰고 있거든요."

독하게 마음먹고 되받아쳐본다.

"나는 요리 재능이 없나 보지."

때로 소심하게 비꼬기도 한다. 그런데 어설프게 되받아치면 상대는 기다렸다는 듯 기가 살아서 오히려 공격 수위를 높인다.

"그걸 변명이라고 하니?"

"넌 아무래도 옷에 대한 센스가 없나 봐. 없는 센스가 갑자기 길러지는 것도 아니고, 어쩔 수 없지, 뭐."

"넌 그 성격 때문에 아무것도 안 돼."

비난과 악담이 끝나지 않는다. 안 그래도 마음의 상처를 입었는데, 상처에 소금을 뿌리는 격이다. 최악이다. 그렇다고 **계속되는 막말에 사과를 할 수도 없고, 막말을 계속하게 내버려 둘 수도 없다. 어떻게 하는 게 좋을까? 속 시원히 되받아치는 기술 어디 없을까?**

막말하는 사람은 어떻게든 트집을 잡아 비난하고 싶어 하는 사람이다.

"네가 나빠", "네 잘못이야", "너는 한심한 인간이야".

이런 말이 하고 싶어 좀이 쑤시는 사람이다. 그는 상대가 스스로 부족한 사람이라고 인정하게 하고 싶은 것이다. 이것이 막말하는 사람을 움직이는 원동력이다. 그래서 그는 상대가 잘못을 인정할 때까지 입을 다물지 않는다. '다 내 탓이야'라고 상대가 사과하게 하는 게 목적이다. 그 말을 듣기 전까지는 책임 추궁을 멈추지 않는다.

"그게 아니라……."

"그건 그렇지만……."

이런 식으로 변명하거나 다른 쪽으로 화제를 바꾸려고 하면 난리가 난다.

"아니긴 뭐가 아니야!"

"아직도 말귀를 못 알아듣네?"

이렇게 되면 당신에게 남은 선택지는 다음의 두 가지다. '내 탓이 아니야! 너도 잘못했어'라고 강하게 맞서거나 '맞아, 내 잘못이야. 미안해!'라고 항복하는 수밖에 없다. 결사 항전하듯 강하게 맞서자니 체력도 기력도 달리고, 일단 일이 커지는 것은 원치 않는다. 게다가 말싸움에 자신이 없다면 나름대로 되받아쳐도 되로 주고 말로 받는 격이 되기에 십상이다.

그렇다고 제대로 싸워보지도 않고 항복하기에는 뭔가 억울하다. **왜 내가 숙이고 들어가야 하나? 잘못은 저쪽이 했는데……. 부아가 치민다. 곤란하다. 정말 저 두 가지 길밖에 없을까? 적절하게 수위를 조절하며 잘 대처할 수 있는 방법은 없을까?**

"yes, but 화법"으로 되받아친다

막말하는 사람에게는 일단 받아들이고 나서 반격하는 게 최선이다.

"야, 너 진짜 일머리 없다. 머리가 그렇게 안 돌아가? 밤새겠네, 밤새겠어!"

"그러게 말야. 내가 일처리가 좀 느리지. 그런데 늦게 알려준 건 너잖아?"

"할머니 옷 입고 왔어? 요즘 누가 그런 옷을 입냐? 유행을 따라가진 못해도 최소한 촌스럽게 보이진 말아야지."

"참고하겠습니다. 그런데 과장님처럼 패션에 신경 쓸 시간이 없어서요."

"뭔가 맛이 부족하잖아. 요리 실력은 영~ 늘지 않네?!

"요리가 참 어려워……. 말이 나온 김에, 당신 발 냄새 너무 고약하네."

예를 들면 이렇게, 일단 상대의 말을 받아들인다. 그러면 상대의 욕구를 만족시키면서 나도 여유를 찾을 수 있다. 그러고는 상대가 틈을 보일 때 급소를 찾아서 공략한다.

"그러게 말입니다. 그런데", "참고하겠습니다. 그런데" 공식을 머릿속에 넣어두자. "yes, but 화법" 또는 "yes, and 화법"이라 부르는 방식이다.

"그러는 그쪽은", "말이 나온 김에" 등도 일단 받아들이고 나서 되받아칠 때 활용하기 좋은 말이다. 참고로 이는 평소 회의나 대화를 할 때도 효과적인 기술이다. "그게 아니라", "그렇지만"으로 시작하는 말보다 훨씬 현명하고 여유 있게 보이니 부지런히 연습해두자!

막말을 퍼붓는 사람

속마음 어떻게든 당신을 비난하고 싶은 사람

NG "그게 아니라", "그렇지만"으로 되받아치면 불에 기름을 붓는 격

OK **일단 받아주고 나서 되받아치는 게 효과적**

| 되받아치는 기술 2 |

비꼬는 말투가 입에 밴 사람에게는 "고맙습니다"라는 말로 머쓱하게 한다

"어머, 여유가 넘치네. 한가해 보여 부럽다, 부러워."

"아이가 기운이 넘치는군요. 아이가 순하면 엄마 손이 덜 갈 텐데요."

"어머! 너무 비싸군요. 얼마나 대단한 서비스가 포함되어 있을지 기대돼요."

비꼬는 말투가 입에 밴 사람이 있다. 빈정거리고 빙빙 돌려서 욕을 한다. 그런 말을 들으면 울컥하며 속에서 뭔가 치밀어 오른다.

"아이고, 그렇지도 않아요."

대충 빈말로 답하고 상황을 벗어나더라도 명치에 뭐가 걸

어머! 너무 비싸군요.
얼마나 대단한
서비스가 포함되어
있을지 기대돼요.
참아야 할까……
후후
감사합니다!
정성 듬뿍 담아
포장했습니다!
!!
아, 짜증나!
휙~

린 듯한 답답함이 남아 있다.

"무슨 말씀이세요?"

"지금 뭐라고 하셨죠?"

그렇다고 이렇게 정색하고 맞받아치면 상대는 고개를 으쓱하며 쓴웃음을 짓는다. 찔끔찔끔 비꼬기 공격을 계속 당하다 보면 마음속에 울화가 쌓인다. 언젠가 날 잡아 제대로 따지고 넘어가야겠다고 마음속으로 수없이 다짐하곤 한다.

비꼬기는 아주 오래전부터 커뮤니케이션의 한 방식으로 이어져왔기에 비꼬기의 달인은 진짜 강적이다. 그래서 비꼬기를 효과적으로 상대할 수 있는 되받아치기의 정석은 아직 확립되지 않았다.

그렇다면 비꼬는 말을 지긋지긋하게 들으면서도 속 시원히 되받아치지 못하고 가만히 화를 삭이기만 해야 할까?

비꼬기는 마음을 좀먹는 바이러스

비꼬는 사람은 우회적으로 공격하는 사람이다.

불만이 있다. 한마디 하고 싶다. 그런데 대놓고 하기는 좀 그렇다. 본격적인 싸움은 피하고 싶다. 그래서 적당한 말로 포장해서 안전한 위치에서 슬쩍 찔러보고 눈치를 살핀다.

"한가해 보여서 부럽다, 부러워."

"아이가 기운이 넘치는군요."

"얼마나 대단한 서비스가 포함되어 있을지 기대돼요."

표면적으로는 험담이 아니다. 오히려 상대를 칭찬하는 것 같다.

듣는 사람 쪽에서는 이면에 깔린 '일 좀 해라', '아이가 너무 시끄럽군요', '좀 깎아주지'라는 의미가 전해져 기분이 나쁘지만 상대가 본심을 교묘히 숨기고 있어 섣불리 되받아칠 수도 없다. 대놓고 반박하면 "그런 뜻이 아니었다"라고 펄쩍 뛰며 한발 물러난다.

못 들은 척 무시하자니 비꼬기 공격이 멈추지 않고 계속되어 속에 점점 화가 쌓인다. 그 자리에서는 속으로 삼키고 나중에 친구나 가족에게 하소연하는 수밖에 없다. 하지만 하소연을 들어주는 쪽에서도 "지나가는 개가 짖는 소리라고 생각해" 정도의 유치한 위로밖에 해줄 수 없다.

비꼬기가 계속되면 울분이 한계에 달해 어느 순간 다른 사람에게 화풀이하듯 비꼬는 내 모습을 발견하기도 한다. 다른 사람에게 한바탕 퍼붓고 나면 그 순간은 속이 후련해질지 몰라도 돌아서면 찝찝함이 배가 된다. 눈에 보이지 않아도 야금야금 마음을 좀먹는 바이러스 같은 비꼬기. 지긋지긋한 비꼬기 공격에서 벗어날 뾰족한 수 없을까?

'고맙습니다'로 비꼬기를 해소한다

비꼬기가 입에 붙은 사람을 퇴치하는 마법의 주문은 "고맙습니다"라는 감사 인사다.

"어머, 여유가 넘치네. 한가해 보여 부럽다, 부러워."

"감사합니다! 덕분에 매일 정각에 퇴근할 수 있어서 행복합니다."

"아이가 기운이 넘치는군요. 아이가 순하면 엄마 손이 덜 갈 텐데요."

"고마워요! 우리 애는 엄마 운동을 열심히 시켜주는 효자랍니다!"

"어머! 너무 비싸군요. 얼마나 대단한 서비스가 포함되어 있을지 기대돼요."

"감사합니다! 정성 듬뿍 담아 포장했습니다!"

상대의 소심한 악의를 선의로 갚으면 그 사람보다 우위에 설 수 있다. 이는 매우 효과적인 방법이다. 마치 바이러스를 초기에 박멸하는 것과 같은 작전이다. 비꼬는 사람은 벌레 씹은 듯한 얼굴을 보고 싶었을 것이다.

그런데 해맑은 표정의 감사 인사를 들으면 움찔한다.

"아아, 예, 별말씀을……."

어색하게 얼버무리며 공격을 멈추고 물러난다.

비꼬기에는 감사 인사를 하자. 환한 표정과 경쾌한 말투로 되받아치는 게 핵심이다.

비꼬는 말투가 입에 밴 사람

속마음 하고 싶은 말을 하지 못하는 쩨쩨한 사람

NG 무시하면 울분만 쌓인다

OK **"고맙습니다"라는 한마디로 우위에 설 수 있다**

| 되받아치는 기술 3 |

불평불만을 입에 달고 사는 사람에게는 '우리'라는 단어를 사용해서 책임감을 부여한다

짜증 지수 76%

"상품 진열이 엉망진창이네. 이러니 팔릴 리 있나!"

"패키지 디자인이 너무 구닥다리야. 촌스러워 죽겠네."

"어휴, 양식은 너무 느끼해. 역시 밥을 먹어야지. 속이 부대껴서 혼났네."

이미 끝난 일에 고시랑고시랑 불평을 늘어놓는 사람, 시간이 한참 지났는데도 불만을 제기하며 트집 잡는 사람이 있다. 불만이 있으면 한번 이야기하고 끝내야 하는데, 이미 다 지난 일을 지긋지긋하게 반복해댄다.

"다 지난 일을 언제까지 물고 늘어지려는 거야."

"미리 지적하시지 그러셨어요."

상품 진열이 엉망진창이네.
이러니 팔릴 리 있나!
특가
조잘조잘
어떻게 바꿀까요?
알려주시면 그대로 따르겠습니다.
!!
책임
쿵!

마음먹고 독하게 한마디 해봤자 아무 소용없다.

"지금 아니면 언제 이런 말을 해?"

"그때는 괜찮았는데, 다시 생각해보니 아니라서 그렇지."

한껏 짜증나게 해놓고는 오히려 발끈하며 성질을 낸다.

"지나간 일은 어쩔 수 없지. 앞으로 잘하면 되잖아."

"과거는 바꿀 수 없잖아요?"

애써 미래로 시선을 돌려보려는 전략도 통하지 않는다.

"지나간 일이라도 확실하게 따지고 넘어가야 앞으로는 같은 일이 안 생기지."

"듣기 싫어? 그래도 따질 건 따져야지."

도리어 잔소리가 더 쏟아질 뿐이다. 아무리 생각해봐도 답이 없다. 벗어날 수가 없다.

있는 힘껏 고민해서 나름대로 반박해도 이상하게 찝찝한 기분이 오래 남는다. 도대체 왜 그럴까? 이 묘한 불쾌감은 어디서 오는 걸까?

불평불만을 들으면 짜증이 나는 이유

불평불만을 달고 사는 사람은 결국 만사를 '남 탓'으로 돌리는 습관이 몸에 배어 있다. 눈앞의 일과 화제를 '자기 일'이라고 생각하지 않는다. 외부자로 한 발짝 물러나서 간섭만 하고 싶다는 심보다. 그리고 그렇게 냉정하게 분석하는 게 자신의 역할이라는 이상한 사명감을 가지고 살며 다른 사람을 괴롭힌다. 백번 양보해서 점술가나 컨설턴트라면 제삼자 관점에서 충고할 수 있겠지만, 같은 회사에서 일하는 동료나 상사가 이런 태도라면 짜증이 나게 마련이다.

앞에서 들었던 예를 다시 떠올려보자.

"상품 진열 방식에 문제가 있네. 내일 다시 해보자."

"패키지 디자인은 다 같이 머리를 맞대고 다시 고민해봐야겠다."

"어휴, 나이가 들어서 그런가? 느끼한 음식을 먹으면 속이 좀 더부룩해져. 그래도 모처럼 함께 밥을 먹으니 좋네!"

이런 식으로 말하면 한결 인상이 달라진다.

듣는 사람이 불쾌해지는 이유는 '이미 끝난 일을 자꾸 반복해서'가 아니라 자신은 쏙 빼고 '남의 일처럼 말하기' 때문이다.

"나중에 뭐라고 하지 말고 미리미리 말해."

"다 끝난 일 가지고 그만 좀 하세요."

이렇게 어설픈 말로 되받아치면 효과가 없다. '말하는 사람'이 아니라 '말하는 사람의 시점'이 문제인 것이다. 이 사실을 깨닫고 나면 불평꾼을 해치우는 건 식은 죽 먹기다!

상대방이 던진 공을 강속구로 맞받아 던진다

"그럼, 직접 해."

나중에 트집을 잡고 불평을 늘어놓는 사람에게 해야 하는 말이다.

"상품 진열이 엉망진창이네. 이러니 팔릴 리 있나!"

"어떻게 바꿀까요? 알려주시면 그대로 따르겠습니다."

"패키지 디자인이 너무 구닥다리야. 촌스러워 죽겠네."

"어떤 디자인이 좋을까요? 부장님이 아이디어를 주세요."

"어휴, 양식은 너무 느끼해. 역시 밥을 먹어야지. 속이 부대껴서 혼났네."

"그래? 그럼 다음 회식 장소는 네가 정해. 식당이랑 메뉴 결정되면 모두에게 공지해줘."

상대에게 무책임하게 던진 공을 받자마자 강속구로 되돌려주자. 그러면 강 건너 불구경하듯 팔짱 끼고 있다가 불구덩이에 끌려와 같이 바가지를 들고 물을 떠다 날라야 하는 상황에 화들짝 놀란다.

"아니, 그건 내 업무가 아니지."

"그걸 생각하는 게 자네 일이잖나."

이런 식으로 책임 회피를 시작할 것이다. 그러면 "알겠습니다. 그럼 제가 생각하겠습니다(그러니까 그만 입 다무세요)"라는 한

마디로 상황을 정리하고 깔끔하게 끝낼 수 있다. 물론 진입장벽이 높을 수 있다. 딱 부러지게 말할 수 없는 상황도 있기 때문이다. 그런 상황에서는 '우리'라는 단어를 사용해 상대를 이쪽으로 끌어들이는 전법을 구사하자. 쉽게 말해 물귀신 작전이다.

"'우리' 진열 방식을 어떻게 바꾸면 좋을까요?"

"'부장님과 함께' 정한 패키지인데, 안타까워요!"

"회식 장소 '나랑 너랑' 같이 정했는데 입에 맞지 않나 보다."

이렇게 주어를 '우리'로 바꾸면 몸을 사리며 슬쩍 빠지려는 사람을 이쪽으로 끌어들일 수 있다. 그리고 '우리'라는 마법의 주문으로 '불평만 하지 말고 너도 좀 생각하라!'는 메시지를 확실하게 전달할 수 있다!

불평불만을 입에 달고 사는 사람

속마음 매사를 '남의 일'이라고 생각하는 방관자

NG '다 지난 일 가지고 뭐라 하지 마'라는 식의 전술은 먹히지 않는다

OK **'우리'라는 마법의 단어로 이쪽으로 끌어들인다**

| 되받아치는 기술 4 |

눈만 뜨면 지적질하며 괴롭히는 상사에게는 '더 높은 사람의 권위'를 활용하여 무력화시킨다

"어이, 막내! 이거랑 이것도 처리해!"

"마셔, 마셔. 술 못 마시면 영업 못 한다!"

"주말에 골프 쳐야 하니까 시간 비워. 뭐? 선약? 그건 취소해야지!"

직장 내 괴롭힘, 말만 들어도 손발이 부들부들 떨린다. 상사나 선배처럼 윗사람에게 괴롭힘을 당하면 나도 모르게 움츠러든다. 무섭다. 하루하루가 지옥 같다. 특히 안 좋은 경우는 괴롭힘인지, 업무 지시인지, 직장 내 따돌림인지 분간이 가지 않을 때다. 그래서 더욱 되받아칠 엄두가 나지 않는다.

이런 상황에서는 대개 말끝을 흐리며 떨떠름하게 시키는

어이, 막내!
이거랑 이것도 처리해!
네?
점심 뭐 먹을지
검색이나 해볼까?
낄낄
알겠습니다.
그런데 부장님이
지시하신 업무가 있어요.
뭐부터 할까요?
아, 그래?
그냥 내가 할게
부장

대로 따른다. 그러다 때로 용기를 내어 나름대로 반박해보기도 한다.

"그래도 그건 좀 아니죠……."

"그건 제 일이 아닙니다……."

있는 힘껏 용기를 짜내 소심하게 반항해본다. 물론 통하지 않는다.

"알았으니까 그냥 시키는 대로 해!"

불벼락이 떨어진다.

"말이 많다! 마시라면 그냥 마셔!"

어설프게 되받아치면 고압적인 태도에 힘을 실어줄 뿐이다.

"어쭈? 그런 태도로 우리 부서에 있을 수 있겠어?"

아예 협박하는 사람도 있다. 왜 변변한 저항 한번 못할까? 결국 이불 쓰고 울다 지쳐 잠드는 수밖에 없을까?

만연한 직장 내 괴롭힘

직장 내 괴롭힘을 일삼는 사람은 '윗사람은 아랫사람에게 엄해도 된다'는 사고방식의 소유자다. 회사니까, 상하 관계니까, 이 정도는 당연한 요구라고 생각한다. 괴롭힘이 아니라 일상적인 업무 지시라는 것이다. 또 오냐오냐 받아주면 버릇이 나빠질 거라 여긴다. 무엇보다 서열이 높은 자신에게는 아랫사람을 엄격하게 가르칠 권리와 의무가 있다고 믿는다.

유교 문화권에는 상하 관계를 따지는 서열의식이 남아 있다. '장유유서(長幼有序)' 개념이 바로 그것으로, '선배 · 후배'를 강조하는 스포츠 분야에서는 여전히 장유유서 개념이 강하게 작용한다. 그래서 괴롭힘으로 인식하지 못하고 그 정도는 당연하다고 착각하곤 한다. 직장 내에서 괴롭히는 사람은 한 개인이라기보다 그렇게 '괴롭히는 문화'의 한 일원이다. 그래서 당하는 사람이 더욱 불리하다.

"세상은 그런 게 아니야. 네가 세상을 알기나 해?"

있는 힘껏 되받아쳐도 제대로 상대조차 해주지 않아, 무의미한 저항으로 끝나고 만다.

직장 내 괴롭힘은 심각한 사회 문제다. 이러한 갑질을 뿌리 뽑을 방법은 없을까? '사표'라는 최후 수단을 쓰지 않고 현명하게 되받아칠 방법이 어디 없을까?

직장 내에서 괴롭히는 사람은 권력에 약하다

직장 내 괴롭힘은 상하 관계에서 비롯된 공격이다. 그렇다면 괴롭히는 사람에게 더 높은 상하 관계를 인식시켜주면 된

다. 구체적으로 상대보다 더 높은 사람, 즉 선배의 선배, 상사의 상사 등의 존재를 끄집어내는 방법이다.

"어이, 막내! 이거랑 이것도 처리해!"

"알겠습니다. 그런데 부장님이 지시하신 업무가 있어요. 뭐부터 할까요?"

"마셔, 마셔. 술 못 마시면 영업 못 한다!"

"어이쿠! 저기 부장님 잔이 비었군요……. 가서 한 잔 따라 드리고 오겠습니다."

"주말에 골프 쳐야 하니까 시간 비워. 뭐? 선약? 그건 취소해야지!"

"알겠습니다. 그전에 먼저, 부장님께 그래도 되는지 여쭤보겠습니다."

'아랫사람은 윗사람에게 복종해야 한다'는 단순한 사고방식의 소유자에게는 그 사람이 고개조차 들 수 없는 더 윗사람을 소환하면 그만이다. 그러면 싱거울 정도로 공격 수위가 낮아진다. 그리고 '직장 내 괴롭힘'이라는 표현을 의식적으로 사용하는 방법도 추천한다.

"요즘 직장 내 괴롭힘이 있다는 말을 자주 들어요."

"친구 회사에 직장 내 괴롭힘 신고 게시판이 생겨서 익명으로 글을 쓸 수 있대요."

이처럼 평소에 슬쩍슬쩍 '직장 내 괴롭힘'이라는 표현을 써보자. ‘아랫사람에게 막말한다’ → ‘직장 내 괴롭힘이 문제가 된다’ → ‘윗사람 심기가 불편해진다’ → ‘자칫 잘못하면 법적 처벌을 받는다’ 이런 단계로 생각이 이어질 수 있다. 그러면 자신보다 위에 있는 존재에 약한 사람이라 행실을 바로잡을 가능성이 크다.

정론은 통하지 않는다. 그보다는 권력에 약하다. ‘더 윗사람’이나 ‘법률’ 등 그들이 따를 수밖에 없는 존재를 강조해 괴롭히는 버릇을 고쳐주자!

지적질하며 괴롭히는 직장 상사

속마음 아랫사람을 엄격하게 대해야 한다고 생각

NG ‘이러지 마세요’라는 정론은 통하지 않는다

OK **더 윗 상사의 존재를 은연중에 내비치며 상하관계를 인식하게 한다**

| 되받아치는 기술 5 |

모욕하는 말이나 성희롱을 일삼는 사람에게는 그가 한 말을 앵무새처럼 돌려준다

"오, 오늘 화장에 신경 썼네. 퇴근하고 데이트?"

"요즘 살쪘어? 살 좀 빼면 훨씬 예쁘겠어."

"여자한테는 박력 있게 팍팍 들이대야 먹힌다니까. 그렇게 빼지 말고."

모욕하는 말이나 지저분하게 성희롱하는 말을 들으면 귀를 씻어내고 싶어진다. 무척 불쾌하다. 쓸데없이 간섭하거나 관심 갖지 말아주면 좋겠다.

"아, 이렇게 말하면 성희롱으로 들리려나? 아, 예민하게 받아들이지 말라고. 성희롱이 아니라 칭찬이야 칭찬."

이런 식으로 알아서 예방선을 치는 고단수도 있다. 성희롱

요즘 살쪘어?
살 좀 빼면 훨씬 예쁘겠어.
앵무새가 되자!
하~
네? 살쪘어요?
요즘요?
살 좀 빼면 훨씬 예쁘겠다는 말씀인가요?
어? 내 말은 그러니까……

은 아무래도 민감한 주제로 듣는 쪽에서도 바로 되받아치기가 쉽지 않다.

"말 좀 가려서 하세요. 명백한 성희롱입니다!"

"오, 화내니까 무서운데?!"

"에이, 이게 무슨 성희롱이야. 화 풀어."

정색하고 지적하면 실실 웃으며 넘기려 한다.

"다 자네를 위해서 하는 말이야."

또는 점잖게 무게를 잡으며 응수한다.

어떻게 해도 야무지게 받아치기가 어렵다. 도대체 왜 이런 상황이 반복적으로 발생할까? 어떻게 해야 성희롱을 멈추게 할 수 있을까?

여자가 시중 들어주는 술집이라고 착각하고 있다

성희롱하는 사람은 욕구 불만이다. 누가 내 말 좀 들어주기를, 누가 나를 좀 안아주기를 바란다. 다른 사람과의 신체 접촉이 그립고 누군가를 아련하게 바라보고 싶다. 그런 욕구를 직접적으로 풀 수 없어 대신 성희롱으로 욕구를 해소하는 것이다.

수치스러운 화제를 풀어놓고 민망해하는 모습을 보고 싶

어 한다. 치근덕거리며 성적인 이야기를 하면서 거리를 좁히고 싶어 한다. 상상만 해도 소름이 끼친다. '그렇게 징그러운 눈빛으로 보지 마세요', '여자가 나오는 술집에나 가세요'라고 말하고 싶은 심정이다.

물론 단순히 누군가를 괴롭히고 싶은 사람도 있다. 성적인 시선으로 바라보지는 않아도 상대가 난감해하는 표정이나 머뭇거리는 모습을 보고 싶어 하는 것이다. 말하자면 상대를 육체적 · 정신적으로 학대하거나 고통을 주며 쾌감을 느끼는 사디즘(sadism) 성향이 있는 사람이다. 그래서 남자 상사가 남자 부하에게 "좋은 데 갈 때는 나도 좀 데려가"라고 말하거나, 여자 상사가 여자 부하에게 "결혼은 아직이야? 내가 남자 소개해줄까?"라고 슬쩍슬쩍 비꼬고 툭툭 찔러보며 신경을 건드리는 식으로 괴롭힐 때도 있다.

어느 경우에나 그 사람은 상대가 난감해하는 모습을 보고 싶을 뿐이라 뭐라 대꾸해도 효과가 없다.

"네. 다음에 같이 가시죠!"

씩씩하게 맞받아쳐도 소용이 없다.

"사생활은 건드리지 마세요."

매몰차게 거절해도 역시 속수무책이다. 당황해서 얼굴을 붉히고 결국 정색하고 화내는 모습을 보여줄 때까지 추근거림을 멈추지 않는다. 당하는 사람에게는 사는 게 지옥이 따로

없다. 어떻게든 상황을 넘기려고 억지웃음을 짓다 보면 하루하루를 고통 속에서 살아가게 된다.

이러한 상황을 해결할 타개책은 없을까? 상대가 어느새 입을 다물고 조용해질 만한 효과적으로 되받아치는 방법은 없을까?

진지한 표정으로 했던 말을 그대로 반복하는 '앵무새 전법'

성희롱에는 진지한 표정으로 그 사람이 한 말을 그대로 반복하는 '앵무새 전법'이 효과적이다.

"오, 오늘 화장에 신경 썼네. 퇴근하고 데이트?"

"화장이요? 데이트요? 그게 왜요?"

"아, 아니. 그러니까 그게 아니라, 내 말은……."

"요즘 살쪘어? 살 좀 빼면 훨씬 예쁘겠어."

"네? 살쪘어요? 요즘요? 살 좀 빼면 훨씬 예쁘겠다는 말씀인가요?"

"어? 내 말은 그러니까……. 미안, 미안! 쓸데없는 오지랖이었어."

"여자한테는 박력 있게 팍팍 들이대야 먹힌다니까. 그렇게 빼지 말고."

"여자한테요? 팍팍 들이대요? 그래야 먹힌다고요?"

"아니, 너무 팍팍 들이대면 부담스러우니까, 적당히. 아니, 그러니까, 내 말은……."

마치 생전 처음 듣는 말처럼 상대방이 한 말을 한 마디 한 마디 한 음절 한 음절 곱씹듯 천천히 되물어보자. 그러면 상대에게 그 실례되는 질문을 그대로 돌려줄 수 있고, 결과적으로 '이봐, 당신 정말 진심이야?'라고 상대의 천박한 품성을 지적할 수 있다.

로봇처럼, 마치 다른 별에서 온 외계인처럼, 상대의 눈을 바라보며 또박또박 반복해보자. 만약 도저히 입에 담을 수 없는 지저분한 말을 들었다면 반복하지 않아도 상관없다. 그때는 상대방의 눈을 뚫어지게 바라보자. 어떤 방법이든 상대방을 멈칫하게 만드는 게 중요하다!

모욕하는 말이나 성희롱을 일삼는 사람

속마음 욕구 불만을 해소하지 못해 풀 곳을 찾는 사람

NG "지금 이거 성희롱이에요"라고 말해도 끝나지 않는다

OK **상대가 한 말을 무표정하게 반복해서 되돌려준다**

되받아치는 기술 6

느닷없이 화를 내며 길길이 날뛰는 사람에게는 '고개를 푹 숙여' 일단 불길을 피한다

"일이 장난이냐? 회사에 놀러 와? 그럴 거면 사표 내고 당장 나가!"

"닥쳐! 너는 입 다물고 가만히 있어."

갑자기 욱하는 사람, 어디에나 있다. 어쩌다 가끔 그러는 게 아니고 수시로 버럭 성질을 내는 사람이 있다. 호통은 기본, 악을 쓰고 고래고래 소리를 지른다. 심하면 손에 잡히는 대로 물건을 내던지고 책상을 발로 쿵쿵 차기도 한다……. 그럴 때마다 깜짝깜짝 놀라고 가슴이 두근거린다. 몸이 얼어버린다. 그럴 때 "마음 좀 가라앉혀", "말로 풀어보자고"라며 이성적으로 말하면 불난 집에 부채질하는 결과를 가져온다.

붕
아!!
기어가는 거야?!
빵
빵
운전 똑바로 못해?!
?
끼익
뭘 봐?!
당장 내려!!
아니요……
뭐라고요?

"네가 뭔데? 나 무시해?"

"내가 입 다물라고 했지!"

고삐 풀린 망아지처럼 더 날뛰기 시작한다.

"내가 언제 무시했다고 그래!"

"내가 왜 입 다물어야 해?"

이렇게 같이 목소리를 높이면 자칫 폭력 사태로 발전할 수 있을 정도로 분위기가 살벌해진다. 욱하는 사람에게는 어떻게 되받아치는 게 정답일까?

욱하는 사람의 심리

수시로 욱하는 사람은 상대에게 위압감을 주는 상황에서 희열을 느낀다. 화가 난 것도 아니고 꾸지람을 하는 것도 아니다. 그저 상대를 압박해 상대가 벌벌 떨며 눈치를 보게 만들어서 무릎 꿇게 만들고 싶은 것이다. 겁먹은 모습을 보면서 짜릿한 쾌감을 느끼는 비뚤어진 심리다.

매일 엄청난 스트레스에 시달리다 어느 순간 정신이 이상해졌는지 아니면 욱하는 성질을 타고난 건지 몰라도 어쨌든 수시로 욱하는 사람은 마음이 아픈 환자다. 이런 사람은 자기보다 약한 사람을 노려 공격한다. 상대를 제압하는 상황에서 쾌감을 느끼고 싶어서 연약한 초식동물처럼 벌벌 떠는 사람을 골라 성질을 부린다. 자기보다 강한 사람, 윗사람에게는 불합리한 상황이더라도 비굴하게 몸을 사린다. 상대를 봐 가며 욱하는 선택적 분노 조절 장애를 앓는 사람을 보면 화가 치민다.

그래도 일단 상황을 수습하려고 살살 달래본다. 그러나 욱하는 사람은 이미 흥분해서 자신을 억제하지 못하는 상태다. 이쪽에서 무슨 말을 해도 귀를 꽉 닫고 있어서 들리지 않는다. 오히려 겁에 질려 아무 말도 못하고 벌벌 떨고 있어야 할 사람이 건방지게 조곤조곤 대꾸하면 흥분을 이기지 못해 이성을 잃고 폭주할 가능성이 크다.

끔찍하다. 상상도 하기 싫다. 최대한 빨리 폭풍우를 잠재우고, 내 기분이 상하지 않게 상황을 수습할 수 있는 좋은 방법은 없을까?

폭풍우를 넘기는 최고의 방법

안타깝게도 욱하는 사람에게 효과적으로 되받아치는 방법은 없다. 잠자코 입을 꾹 다물고 있는 수밖에 없다. 상대가 정상이 아닌 상태라 어쩔 도리가 없다. 그렇다고 아무 대책이 없는 건 아니다.

현명하게 넘기는 방법이 있다. 바로 '고개를 푹 숙이는' 자세다. 고개를 숙이면 얼핏 머리를 조아리고 복종하는 태도로 보여 일단 욱하는 사람을 심리적으로 만족시킨다. 얼굴이 보이지 않도록 고개를 푹 숙이면 성질을 부리느라 길길이 날뛰는 사람에게 내 표정이 보이지 않는다. 고개를 숙이고 속으로 '저 인간, 또 저러네' 같은 욕을 하며 상황이 지나갈 때까지 버티는 것이다.

'머리를 조아리는' 게 아니라 '고개를 숙인다'고 생각하자. 그러면 내 잘못이 아닌데 왜 고개를 숙여야 할까 하는 억울한 생각도 들지 않고 자존심에 상처 입을 일도 없다. 머릿속으로 열심히 딴생각하며 적극적으로 공상의 나래를 펼치자. 오늘 점심은 뭘 먹을지 고민해도 좋고 좋아하는 노래 가사를 흥얼거려도 좋다.

그러면 상대는 "입 다물고 있으면 다야?", "고개 들어!"라며 몸이 달아 씩씩거리겠지만 무시하자. 그런 도발에 넘어가면 안 된다.

욱하는 사람은 한바탕 날뛰고 싶어서 몸이 근질근질하다. 그런 사람에게는 무슨 말을 한들 험한 말만 돌아온다. 운이 나쁘면 욕을 바가지로 먹을 수도 있어 본전도 찾을 수 없다.

"뭐야, 불만 있어? 어디서 눈을 똑바로 뜨고. 어쭈, 노려보면 어쩔 건데."

자칫 고개를 들면 기다렸다는 듯이 트집을 잡아 물고 늘어진다. 상상만 해도 골치가 지끈거린다. 언어폭력을 참아주어야 할 의무는 없다.

무슨 말을 듣든 귀를 닫고 꿋꿋하게 버티자. 발 디딜 틈 없이 꽉 들어찬 출퇴근길 전철 안에서 정신 나간 사람이 난동을 부리는 상황을 상상해보자. 섣불리 말리려 들면 나만 손해다. 참고로 버티는 동안 오가는 대화를 몰래 녹음해 두면 요긴하게 써먹을 수 있다. 심리적으로 여유가 생기고 만약의 상황에 확실한 증거 자료가 되어줄 테니 말이다!

느닷없이 화를 내며 길길이 날뛰는 사람

속마음 상대방이 움츠러드는 모습에서 희열을 느끼는 사람

NG 냉정하게 이성적으로 대응하면 역효과

OK 고개를 푹 숙이고 폭풍이 지나가기를 기다리며 버티는 게 최선

되받아치는 기술 7

초 단위로 시간을 따지며 압박하는 사람에게는 '종종걸음' 치며 바쁜 척한다

"시계 볼 줄 몰라? 3시 2분이야."

2분 늦었는데 20분쯤 늦었다는 듯 노려본다. 회식에 늦을 것 같아 먼저 시작하라고 미리 연락해놓은 후 나중에 참석하니 잔뜩 찌푸린 얼굴로 불편한 분위기를 만들어 가시방석에 앉은 기분이다. 시간에 까다로운 사람을 만나면 여러모로 고달프다.

시간에 지나치게 엄격한 사람, 몇 분밖에 안 늦었는데 눈을 흘기며 불편하게 만드는 사람은 어디에나 있다. '어, 뭐 이 정도로……' 싶게 너무 빡빡하게 산다. 갑갑하다.

"늦어서 죄송합니다."

좀 늦겠네.
오늘도 한소리 듣겠군.
뜨
뜨
뛰는 척이라도
해야겠다.
많이 기다렸지?
미안, 미안!!
!!
헉
헉
뭘 뛰어와.
땀 좀 닦아……
미안
응……

사과해도 사태를 수습할 수 없다. 게다가 딱 한 번 어쩌다 운이 나빠서 늦었을 뿐인데 '시간 약속 안 지키는 사람'으로 낙인이 찍힐 때가 있다.

"하던 일 마무리하고 오느라 조금 늦었습니다."

"조금 늦는다고 미리 연락 드렸습니다."

상황을 수습하려고 이런 저런 말을 해보지만 사태는 악화되기만 한다. '남의 시간을 소중히 여기지 않는 이기주의자'라는 식의 소문을 퍼뜨려 평판이 나빠지고 피해만 커질 뿐이다.

늦고 싶어서 늦은 게 아니다. 그런데도 기숙사 사감처럼 고지식하게 '시간 엄수'를 강조한다. 어쨌든 늦은 건 잘못이라 강하게 나갈 수도 없다. 숨이 턱턱 막힌다. 가슴이 답답하다…….

회식 시간을 칼같이 지키라는 선배, 시간을 초 단위로 확인하며 재촉하는 상사, 몇 분만 늦어도 데이트 내내 눈치를 보게 만드는 애인……. 시간에 집착하는 사람에게 대항할 수 있는 좋은 방법 없을까?

시간에 깐깐한 사람은 돈에도 깐깐하다

시간에 집착하는 사람은 대개 인색하다. 자기 시간을 필사적으로 지키며 시간을 쓸데없이 쓰는 상황을 못 견딘다. "시간은 금"이라는 말을 금과옥조로 여기며 사는 시간 관리에 철저한 사람은 대체로 돈 관리에도 철두철미하다. 1분, 1초를 따지는 사람은 10원짜리 하나까지 정확하게 챙기며 계산하는 습성이 있다.

이미 몸에 밴 습관, 아니 일종의 삶의 신념이나 가치관이라 어지간해서는 바꿀 수 없다. 깐깐한 사람은 죽을 때까지 깐깐하고, 털털한 사람은 죽을 때까지 털털하다. 이 둘은 영원히 만날 수 없는 평행선을 달린다. 차근차근 설명하면 이해해줄 거라는 낙관론은 안타깝게도 통하지 않는다.

어쩔 수 없다. 두 손 두 발 들고 항복. 그렇다면 이처럼 가치관이 다른 사람과는 어느 지점에서 타협점을 찾고 절충해야 할까?

'바쁜 척'으로 모든 문제 해결

시간을 깐깐하게 따지는 사람에게는 '바쁜 척'이 최고다. 바쁜 척하면 만사형통이다. 구체적인 방법을 추천하자면 '종종걸음'이 효과가 좋다. 약속에 늦으면 상대방이 시야에 들어온 순간 발에 불이 붙은 사람처럼 종종걸음으로 달려가자. '나름대로 서둘렀다'는 분위기를 연출하는 게 비결이다.

그러면 허무할 정도로 쉽게 용서해준다.

"괜찮아? 뭘 뛰어와."

화를 내기는커녕 생각지도 않던 배려까지 받을 수 있다. 시간에 엄격한 사람은 '깐깐'한 사람이지 '꽉 막힌' 사람이 아니다. 깐깐한 사람은 돈이나 시간을 소중히 여긴다는 가치관을 실천하고 있을 뿐이다. '지각'이 싫은 게 아니라 '늦었으면서 태평한 얼굴로 어기적어기적 걸어와 시간을 낭비하는 꼴'을 참을 수 없을 뿐이다. 5분밖에 안 늦었으니까 천천히 걸어오는 사람과 30분 늦었는데 이마에 송송 땀이 맺혀 부리나케 뛰어오는 사람이 있다면 후자에게 훨씬 관대하다.

종종걸음 외에 '가쁜 숨', '이마와 콧잔등의 땀', '땀으로 흠뻑 젖은 등', '붉게 달아오른 얼굴', '흩날리는 머리카락' 등을 활용하면 더욱 효과적이다. 모두 '저는 시간을 소중히 여기는 사람입니다. 늦어서 죄송합니다. 제가 잘못했습니다'라는 마음을 전할 수 있는 것이다.

시간 관리에 철저한 사람에게 맞추느라 억지로 아침형 인간이 되어 스트레스를 받으며 살 필요는 없다. 그보다는 전력질주할 수 있는 발 편한 신발에 투자하는 게 현명하다. 인생이라는 무대에서는 어느 정도 연기가 필요하다. '종종걸음' 정도의 작은 연출로 상대방에게 점수를 따고 나아가 평판까지 좋아질 수 있으니 꿩 먹고 알 먹고가 아닐까!

초 단위로 시간을 따지며 압박하는 사람

속마음 시간도 돈도 낭비하는 게 싫은 사람

NG 사과해도 절대 용서해주지 않는다

OK '종종걸음'으로 성의를 보이면 너그러이 봐준다

part 2

공감력 없는 말로
화가 치밀게 하는 사람에게
되받아치기

되받아치는 기술 8

손바닥 뒤집듯 말을 바꾸는 사람에게는 '사후승인'으로 꼼짝 못하게 한다

짜증 지수 73%

업무 지시를 받는 상황을 가정해보자.

"그 건은 A사와 진행하게."

알았다고 대답했다.

"아냐, 생각해보니 역시 B사가 나을 것 같아. B사와 진행하지."

재차 알았다고 대답하고 이야기를 끝냈다.

"생각해보니 어제 이야기는 없던 일로 하는 게 낫겠어."

다음 날 출근해보니 이런 식으로 판을 뒤집어엎는다. 친구들끼리 여행계획을 짤 때도 마찬가지 상황이 발생하곤 한다.

"우리 하와이 갈까?"

점심은 돈까스 어때?
오, 좋아!
내가 맛집 찾아볼게.
열심
열심
30분 후
그런데 그냥 국밥 먹을까?
?
왜~?
why?
그럼 떡볶이?
?
?

한 친구의 제안으로 신나게 하와이 여행계획을 짰다.

"그런데 역시 여행하면 유럽이지."

열심히 이야기하던 중에 목적지가 바뀌었다. 그리고 다음 날에는 전혀 새로운 제안이 등장한다.

"음, 여행 말인데. 요즘은 아프리카 여행이 대세라더라."

말을 손바닥 뒤집듯 바꾸는 사람을 만나면 짜증이 난다. 약간의 변경은 적당히 맞춰줄 수 있지만 정반대 노선을 가리키면 할 말이 없다. 게다가 수시로 말을 바꾸니 어느 장단에 춤을 추어야 할지 모르겠다.

이야기한 대로 일을 진행하고 있었더니 다음 날 전혀 다른 방향으로 말을 바꾼다. 단순한 변덕인지 진지한 사고 과정의 결과인지 몰라도 당하는 사람은 속이 뒤집힐 수밖에 없다. 이렇게 또 스트레스가 적립된다.

한두 번 당한 후에는 철저히 대비하는 차원에서 회의록을 작성하고 메모를 남기고 재차 확인하며 애써보지만, 상대는 언제 그렇게 말했냐는 듯 눈을 멀뚱멀뚱 뜨고 바라본다.

"뭐야? 내가 그런 말을 했어?"

"그랬어? 그래도 우선은 이쪽으로 추진하지."

게다가 앞으로도 수시로 변덕을 부릴 여지를 남겨 둔다. 일이 앞으로 나아가지 않고 제자리걸음만 하고 있다. 속에서 천불이 난다. **상대가 한 말을 증거로 남겨놓는 건, 단언컨대 아**

무 소용없다. 소용은커녕 오히려 역효과를 불러일으킬 위험이 크다. 증거를 남기면 말을 손바닥 뒤집듯 바꾸는 습관을 더욱 부채질할 수 있기 때문이다.

잘 해보려고 했던 일이 뒤통수를 때린다. 내 손으로 내 무덤 판 꼴이다. 도대체 왜 이런 걸까? 정답은 무엇일까?

왜 자신이 한 말을 기억하지 못할까?

말을 이랬다 저랬다 바꾸는 사람은 자신이 한 말을 기억하지 못한다. 머릿속에 생각이 떠오르는 것을 바로 말한다. 말하자면 그 순간 느낀 대로 말을 하는 셈이다. 그래서 자신이 말한 내용을 기억하지 못하고, 대화 내용이 저장되지 않는다. 쉽게 말해 자신만의 세계에 살며 혼잣말을 하는 상태다.

수시로 말을 바꾸어 주위 사람은 어느 장단에 춤을 추어야 좋을지 몰라 난감해진다. 이런 사람일수록 자신은 논리적으로 이치에 맞게 말하고 대화로 잘 풀었다며 듣는 사람을 기막히게 하는 말을 태연히 내뱉는다.

자신이 한 말도 기억하지 못하면서 어떻게 밥벌이를 할까? 이 냉혹한 세상에서 어떻게 살아남을 수 있었을까?

답은 간단하다. 당신처럼 성실하고 정중한 사람이 곁에 있기 때문이다. 떠오르는 대로 마구 주워섬겨도 누군가 찰떡같이 알아듣고 꼼꼼하게 메모해준다. 그래서 굳이 기억할 필요가 없다. 필요하면 옆에 있는 누군가에게 확인하면 그만이기에 기억력은 점점 떨어지고 기억하려는 시늉조차 하지 않는다.

상대의 선택적 기억 장애를 부추긴 게 나였다. 악순환이다. 그렇다면 어떻게 해야 이 악순환의 고리를 끊을 수 있을까?

사후 승인으로 충분한 이유

기억하지 않고 기억하려는 의지가 없는 사람에게 효과적인 작전은 '사후승인'이다. 일일이 확인하면 긁어 부스럼이니 상대가 무슨 말을 하든 이야기를 내가 원하는 방향으로 끌고 나가자. 더는 돌아올 수 없는 곳까지 밀어붙이고 나서 "이야기 나눈 대로 하겠습니다"라고 일단 확인을 요구한다.

왜 일을 이렇게 했냐고 묻는 상황이 와도 시치미를 뚝 떼고 당당하게 넘어가자.

"뭐야? 왜 A사야?"

"그 건은 부장님이 말씀하신 대로 처리하고 있습니다. 내일 프레젠테이션, 열심히 준비하겠습니다!"

"우리 아프리카 가기로 한 거 아니었어?"

"생각해보니 하와이가 낫겠다고 결정했잖아. 자, 여기 항공권 잘 챙겨 둬."

애초에 자기 발언 자체를 기억하지 못하는 사람이라 '내가 그랬나?' 하며 의외로 순순히 받아들인다.

"그래? 우리 꼭 파인애플 얹은 하와이안 피자 먹고 오자!"

내가 언제 그렇게 말했냐며 펄펄 뛸 상황을 각오하고 있었는데 이미 그 화제에 관심이 떠나 다른 엉뚱한 반응을 보인다. 그러면 적당히 맞장구치고 넘어가면 흡족해한다.

"그래, 하와이에서는 하와이안 피자지."

말을 손바닥 뒤집듯 바꾸는 사람, 자기 말을 기억하지 못하는 사람에게는 그런 말을 '했다 또는 안 했다'는 방향으로 이야기를 끌고 가지 마라. 내가 원하는 방향으로 밀어붙인 다음에 사후승인을 받는 전략을 추천한다!

손바닥 뒤집듯 말을 바꾸는 사람

속마음 자기가 한 말을 기억하지 못하는 사람

NG 증거를 남기려고 기록해두면 점점 더 기억하지 않는다

OK 그가 하는 말은 가볍게 듣고 사후승인으로 밀어붙인다

되받아치는 기술 9

모호하게 말하는 사람에게는 "무슨 말하는지 모르겠다"라고 단도직입적으로 말한다

"작업하다 보니 어느새 시간이 그렇게 되어서…… 정말 눈 깜짝할 사이에 시간이 흘러서……. 왜, 그럴 때 있잖아. 일에 푹 빠져서 시간 가는 줄 모를 때."

"C안이 어떨까 하는데. 아니, 뭐 특별한 이유가 있다기보다. 어휴, 이게 말로 설명하기는 어려운데…… 그러니까 느낌이 팍 와서. 한눈에 꽂혔다고 해야 할지. 어쨌든 C안이 좋을 것 같다는 느낌이 들기는 하는데……."

딱 부러지게 말하지 않고 모호하게 말하는 사람이 있다. 자기 생각이나 감정을 말로 표현하지 못하는 사람이다. 이런 사람은 애매하고 두루뭉술하게 말한다. 그래서 도저히 이해할

A
B
C
어떤 시안으로 결정할까요?
음……
A도 좋고…… C도 나쁘지 않은데……
역시 B를 빼면 안 되겠지……?
B로 결정할까요?
음……
아, 어쩌라는 거야?!

수 없다. 듣다 보면 속이 터져 가끔은 '사람이 알아듣게 말을 하라고!'라며 따지고 싶다.

짜증을 억누르고 차분하게 물어본다.

"그러니까 일정이 빠듯하다는 말이야?"

"색감이 밝고 화사해서 눈에 확 들어온다는 말씀이죠?"

최대한 친절한 말투로 묻는다.

"글쎄."

"음……."

끝까지 분명한 답을 주지 않는다. 나보고 어쩌란 말인가.

그런데 이런 태도를 주의해야 한다. 이렇게 차분하고 정중하게 대응하면 이런 사람은 점점 더 알아듣기 어렵게 말하는 버릇이 몸에 밴다. 왜 이러는 걸까?

아기처럼 누군가 돌봐주기를 바란다

혹시 이런 사람을 단순히 말주변이 부족한 사람, 설명에 서투른 사람이라고 생각하지 않았는가? 그래서 이런 사람을 도와준다는 생각에서 손을 내밀지 않았는가? 사실 **이런 배려가 잘못된 버릇을 들이는 것이다. 이런 사람은 '설명할 수 없는 게 아니라' '설명하지 않을 뿐'이다. 설명할 수 있지만 하고 싶**

지 않아 한다. 알아서 헤아려주기를 바라는 것이다.

"아아, 우리 아기, 오늘은 무슨 까까 먹어볼까?"

이제 막 말문이 트인 어린아이를 둔 엄마는 아이의 옹알이를 듣고 기분을 헤아려 대신 말해준다. 그러면 아이는 좋다고 고개를 끄덕이거나 싫다고 고개를 잘래잘래 흔들며 제 의사를 표현한다. 이런 식으로 의사표시를 하다 그대로 어른이 된 사람이 '설명하지 않는 사람'이다. 요컨대 근본적으로는 수동적인 어리광이다. '내 기분을 알아서 잘 헤아려줘야지. 그걸 꼭 말로 설명해야 하나…….' 이런 생각이 밑바탕에 깔려 있는 사람이다.

이런 사람과 엮이면 끝없는 눈치 게임을 벌이느라 고달파진다. 마치 유모차에 앉아 주먹을 꼭 쥐고 턱짓으로 요구 사항을 전달하며 부모 속을 뒤집어놓는 심통 난 아기 같다. 다 큰 어른이 엄마가 내미는 숟가락에 담긴 음식이 마음에 들지 않는다고 입을 꼭 다물고 고개를 홱 돌리는 입맛 까다로운 아기처럼 토라진다.

"이런 건 감각으로 알아야 하는 문제라서. 꼭 말로 해야 해?"

"이걸 어떻게 설명한다……."

마치 이쪽의 성의가 부족하다는 듯한 태도로 적반하장으로 나온다. 이래서는 일이 진전되지 않고 짜증만 난다.

그렇다면 이런 사람에게는 어떻게 말해야 할까?

"내가 네 엄마야? 어리광은 집에 가서 부려."

"남들이 당신 비위 맞춰주는 사람인 줄 알아?"

가끔은 소리를 버럭 지르고 다 그만두고 싶지만, 그럴 수는 없다.

순식간에 설명 책임을 전가하는 한마디

무슨 말을 하는 건지 알아듣지 못하게 말하는 사람을 대할 때는 그 '모호한 부분'을 공략해야 한다.

"왜, 그거 있잖아. 그거 말이야."

"그거가 뭐야? 무슨 말인지 모르겠어."

"음, 대충 이런 방향으로 정리합시다."

"죄송한데, 대충 이런 방향이라는 게 무슨 말씀인지 이해가 가지 않는데요."

제대로 설명하라고 다그치거나 짐작해서 특정 방향으로 유도해가는 게 아니라 담담하게 "모르겠다"를 반복하는 전략이다.

'나는 네 말을 힘들게 이해할 생각이 없다. 그러니 네가 설명해라. 너한테는 설명할 책임이 있다.'

이런 자세를 보여주어야 한다. 그래야 상대도 겨우 자신이 어떤 상황인지 깨닫고 설명하려 애를 쓴다.

'알아서 내 기분을 헤아려'보라는 무언의 압력에 '말로 설명하라'고 화를 내는 건 쉽다. 그러나 '모르겠다'는 말 한마디가 훨씬 현명한 방법이다. 꼭 활용해보자!

모호하게 말하는 사람

속마음 남이 자기 기분을 알아서 헤아려주기를 바라는 어리광쟁이

NG 맞춰주면 점점 더 수동적인 태도를 보인다

OK '모르겠다'는 한마디로 정면돌파 한다

되받아치는 기술 10

눈치 없이 선을 넘는 사람에게는 '그가 불편해하는 화제'로 입을 다물게 한다

짜증 지수 83%

"결혼은 언제 할 거야? 눈이 너무 높은 거 아냐?"

"2세 계획은 아직이야? 한 살이라도 젊을 때 빨리 낳는 게 낫지."

"이혼했다며? 왜? 성격 차이야?"

눈치 없이 선을 넘으며 사생활을 캐묻는 무례한 사람을 만나면 짜증 지수가 마구 솟구친다. 민감한 주제를 거침없이 파고들며 꼬치꼬치 캐묻는다. 이런 사람에게는 뭐라고 대꾸해도 통하지 않는다.

"아니, 눈이 높아서 안 하는 건 아니고요." (부정)

"아냐? 그럼, 만날 기회가 없어?"

자네 이혼했다며?
!
왜? 성격 차이야? 뭐가 문제였어?
툭툭
그런데……
넘으셨어요.
뭘?
?
?
선이요.
!!
하하

"뭐, 그냥 잘 지내요." (얼버무리기)

"뭐야, 그래도 결혼은 해야지."

"아, 그건 프라이버시입니다." (거절)

"사람이 왜 그렇게 정이 없어. 서로서로 안부도 묻고 걱정도 해주고 그런 거지."

"……." (무언의 분노)

"왜? 화났어? 다 너 생각해서 그러는 거야."

이런 식으로 무슨 말을 해도 포기하지 않고 원하는 대답을 들을 때까지 추근추근 엉겨 붙는다. 찰거머리가 따로 없다. 도대체 뭐가 그렇게 궁금할까? 뭐라고 거절해야 그만 내 영역에서 나가줄까?

자신에게는 '알 권리가 있다'고 굳게 믿고 있다

사생활을 존중하지 않는 사람을 흔히 '둔감하다'고 여기는데, 알고 보면 절대 둔하거나 눈치 없는 사람이 아니다. 건드리면 안 되는 절대 영역을 파악하고 나서 슬금슬금 눈치를 보며 밀고 들어온다. 표적을 정해놓고 끈질기게 파고든다. 알면서도 선을 넘는다. 그래서 더 괘씸하다.

도대체 왜 그러는 걸까? 이유는 간단하다. '알고 싶기' 때문이다. 궁금해서 몸이 근질거린다. 흔히 '가십'이라고 하는, 소문이나 험담을 떠들 기회를 참을 수 없는 것이다. 먹고 나면 속이 더부룩해지고 다음 날 퉁퉁 부은 몸으로 일어나야 한다는 걸 알면서도 참지 못하고 한밤중에 라면을 먹는 때의 기분과 같다. 게다가 어째서인지 '자신에게는 알 권리가 있다'고 굳게 믿고 있는 부분이 불가사의하다. 당연한 권리인 듯 당당하고 끈질기게 묻는다. 마치 '언론의 자유'를 무기 삼아 연예인의 사생활을 폭로하는 기자 같다. 당하는 쪽에서 대놓고 불쾌감을 드러내도 개의치 않고 끈덕지게 파고든다.

아주 진절머리가 난다. 소문에 굶주린 이 하이에나를 물리칠 좋은 방법 없을까? 이런 사람을 단숨에 퇴치하려면 어떻게 해야 할까?

'종교', '가정', '돈'은 3대 금기 화제

이렇게 선을 넘는 사람의 입을 다물게 하려면 이쪽에서도 강하게 나가야 한다. 마찬가지로 입에 올리면 분위기가 불편해지는 화제를 꺼내는 수밖에 없다.

"결혼은 언제 할 거야? 눈이 너무 높은 거 아냐?"

"저희 집안 사정이 좀 많이 복잡해서요……."

"2세 계획은 아직이야? 한 살이라도 젊을 때 빨리 낳는 게 낫지."

"종교적인 이유가 있어서요……."

"이혼했다며? 왜? 성격 차이야?"

"그게, 돈 문제가 좀 생겨서……."

자세히 이야기할 필요는 없다. 물론 거짓말이라도 상관없다. 마치 피해자인 양 비극의 주인공을 연기하듯 눈을 살짝 내리깔고 웅얼웅얼 작은 소리로 속삭이듯 말하자. 땅이 꺼지도록 한숨을 내쉬어도 좋다. 그러면 상대방도 경계심을 갖는다. 더 파고들면 위험해지는 금단의 영역임을 감지하고 한발 물러난다.

"그러게 말입니다. 정말로 힘들어요!"

"어쩌다 이렇게 되었는지. 사는 게 쉽지 않군요!"

그래도 물러나지 않는 강적에게는 조금 더 과장을 보탠 연극을 보여준다. 연기파 배우처럼 눈물이라도 글썽거리며 열연을 펼치면 한층 효과적으로 소문 진드기를 털어낼 수 있다. 물론 이렇게 연막작전으로 퇴치하면 한동안 이상한 소문에 시달릴 수 있다. 사생활을 캐묻는 사람은 대개 말이 많고 이 말 저 말 옮기고 다니는 습성이 있기 때문이다.

대충 둘러댔다가 엉뚱하게 넘겨짚어서 황당한 소문이 나도는 것보다는 차라리 '사연 있는 사람'이라는 분위기를 풍기는 게 편할 때가 많다. 물론 애초에 선을 지킬 줄 모르는 사람과는 엮이지 않는 게 최선이다. 사생활을 존중하지 않는 사람에게는 상대방이 들으면 멈칫할 만한 화제를 던져주고 조용히 떨어져 나가기를 기원하자!

눈치 없이 선을 넘는 사람

속마음 '알고 싶다'는 욕구를 참지 못해 알면서도 선을 넘는 사람

NG '프라이버시'라며 취재를 거부하는 방식은 통하지 않는다

OK 불편한 화제를 던져서 물러나게 한다

되받아치는 기술 11

습관적으로 지각하는 사람에게는 '기다려주지 않는 작전'으로 초조하게 한다

짜증 지수 81%

"어, 가고 있어. 10분, 아니 15분쯤 늦을 거야."

"늦을 것 같으니까 먼저 시작해."

세상에는 두 종류의 사람이 있다. 지각하는 사람과 지각하지 않는 사람. 습관적으로 지각하는 사람은 학교든 회사든 어디에나 있다. **지각하는 사람은 약속을 몇 시로 잡아도 늦는다. 자리도 가리지 않는다. 회식이든 업무상 미팅이든 친구와의 여행이든 공평하게 지각한다. 제시간에 오는 법이 없다. 시간에 맞춰서 온 사람은 화가 난다. 쓸데없이 기다리는 데 시간을 낭비해 속이 부글부글 끓는다.**

습관적으로 지각하는 사람에게 '시간 엄수!'는 아무 의미 없

어디야?
왜 안 와?!
거의
다 왔어!
이제 집에서
출발하지롱~
오늘도 대충 핑계 대면
넘어가주겠지?
약속 장소
그냥 집에 갔다고?
휘잉

는 말이다. 그 사람에게만 30분 이른 시간을 알려주라는, 예로부터 전해 내려오는 비방이 있으나 한두 번은 통해도 계속 써먹을 수는 없다. 몇 번 당하면 알아차려서 다시 지각을 반복한다.

약속 시간 전에 몇 번씩 일깨워도 통하지 않는다. 결코 제 시간에 나타나지 않는다.

"몇 분 정도 늦을 것 같아?"

미리 물었을 때 답한 시간보다 꼭 늦게 온다.

사실 우리 태도가 상습 지각범의 버릇을 망쳐놓는 경향이 있다. 지각을 방지하려고 애쓸수록 지각하는 사람은 계속 지각한다. 상습적으로 지각하는 사람을 만들어내는 건 바로 나일 수 있다. 도대체 왜 이렇게 된 걸까?

당신은 무시당하고 있다

습관적으로 지각하는 사람은 한마디로 상대를 무시하는 사람이다. 상대와의 약속을 대수롭지 않게 여기는 것이다. 이런 사람은 취업 면접이나 시험, 프러포즈 등 엄청나게 중요한 순간에는 지각하지 않는다.

당신과의 약속은 그 정도로 중요한 것은 아니라고 생각해서 방심하고 있다가 지각한다. 그 증거는, 이런 사람은 늦어도 절대 미안해하지 않는다는 것이다. 습관적으로 지각하는 사람이 새하얗게 질린 얼굴, 떨리는 목소리로 늦어서 정말 미안하다고 사과하는 모습을 본 적이 없다.

"회의가 길어졌어."

"문밖에 나가려면 뭘 그렇게 준비할 게 많은지……."

변명도 참 다채롭다. 그래서 수시로 연락하거나 약속을 상기시켜 주는 방법은 역효과다. '역시 저 사람은 내가 와주기를 바라는구나'라고 착각하며 당당하게 지각한다. 즉, **지각하는 버릇은 버릇이 아니라 인간관계 속에서 만들어진 것이라고 볼 수 있다. 당신과의 역학관계가 변하지 않는 한 지각하는 버릇은 고칠 수 없다. 뭐라고 해봤자 소용없다. 요리조리 변명만 둘러댈 뿐이다. 그렇다면 어떻게 해야 얄미운 지각 대장의 버릇을 고칠 수 있을까?**

기다려주면 패배. 기다리기 전에 결정한다!

이 승부는 지각한 사람이 나타나고 나서는 무슨 말을 해도 질 수밖에 없다. 단호하게 '기다리지 않겠다'는 각오를 다져두어야 한다. 약속 장소에 나타나지 않으면 뒤도 돌아보지 말고

바로 발길을 돌려 그 자리를 떠나자.

"여보세요. 어디야? 우리 오늘 만나기로 하지 않았어?"

"오늘 맞아. 갔는데 네가 오지 않아서 그냥 집에 왔어. 다음에 보자."

회의 시간에 나타나지 않으면 기다리지 말고 모인 사람들끼리 먼저 시작한다.

"(회의실에 들어서며) 뭐야, 벌써 시작했네?"

"회의 내용 못 따라가겠으면 나중에 물어보세요. 그럼, 다음 안건으로 넘어갑니다."

두고 가고, 못 본 척하고, 먼저 시작하자. 그래야 비로소 지각하는 사람과 대등한 입장에 설 수 있다. 모임 장소에 오지 않으면 목적지까지 혼자 알아서 오게 두자. 회식에 늦어도 따로 챙겨주지 않되 회비는 똑같이 내게 하자. 이 과정을 반복하면 상대에게 '나를 무시하지 마라', '너 없어도 상관없다'라는 메시지를 단호하게 전달할 수 있다. 읍소나 달래기 작전보다 백 배 효과적이다.

상대가 높은 사람이거나 기다릴 수밖에 없는 사람일 때는 어떻게 해야 할까? 그래도 한두 번은 '호락호락 기다리지 않겠다'는 자세를 보여주는 게 중요하다. 당신을 대하는 시선과 행동이 달라지지 않는 한 그 사람의 지각은 멈출 수 없기 때문이다!

습관적으로 지각하는 사람

속마음 버릇이나 습관이 아니라 당신을 무시하는 것이다

NG 늦지 말라고 당부할수록 역효과

OK '기다리지 않겠다'는 강경책으로 일관한다

되받아치는 기술 12

무슨 생각을 하는지 알 수 없는 사람에게는 핵심을 짚어 간단명료하게 요청한다

"납품일, 이 날로 잡아도 괜찮을까요?"

"음……."

"무슨 고민이라도 있어? 혼자 속에 담아두고 있으면 더 힘들어. 내가 들어줄 테니 말해봐."

"그냥……."

"당신, 우리 가족 무시하는 거야? 말이 너무 심한 거 아냐?"

"그게 아니라……."

이쪽에서 무슨 말을 해도 반응이 시큰둥한 사람이 있다. 알아듣기는 한 걸까? 도통 알 수가 없다. 늘 의욕이 없어 보이

납품일, 이 날로 잡아도
괜찮을까요?
음……
아~하~
긁적긁적
대체 무슨 생각을
하고 계신 거죠?
부장님?

고 매사에 성의를 보이지 않는다. 말하는 사람만 답답하다.

"듣고 있어?"

"무슨 말인지 알겠어?"

듣는 둥 마는 둥 한 귀로 듣고 한 귀로 흘리는 듯한 모습을 보고 따져 묻게 된다.

"어, 그래."

"음, 글쎄."

무슨 말을 해도 뚱한 표정으로 반응이 없다.

"사람이 말을 하면 듣는 시늉이라도 해야지!"

"좋으면 좋다, 싫으면 싫다, 말을 해야 알지!"

참다 참다 쏘아붙여 보지만 상대는 여전히 표정 변화가 없다. 뭐라 대꾸라도 하면 이쪽에서도 되받아칠 텐데 묵언 수행이라도 하는지 아무 반응을 보이지 않으니 속이 터진다. 그래, 내가 졌다.

이런 사람과는 어떻게 대화해야 할까? 소통하고 공감하는 능력이 떨어지는 사람에게는 어떻게 말해야 좋을까?

감정은 있다. 겉으로 드러나지 않을 뿐

말을 잘 하지 않는 사람, 반응이 없는 사람은 감정을 겉으로 드러내는 능력이 부족하다. 물론 감정이 아예 없는 것은 아니다. 아무런 생각을 안 하는 것도 아니다. 나름대로 생각이 있다. 그런데 그것을 표현할 줄 모른다. 사실, 감정을 표현해야 하는 상황이 번거롭고 귀찮아서 감정을 드러내지 않는 것이다.

이런 사람은 말이나 글로 감정을 전하는 방법을 터득하지 못해 헤매고 있다. 머리를 쥐어짜서 표현하고 나면 가진 에너지를 다 써서 탈진 상태에 빠진다. 기력이 달린다. 힘들고 버겁다. 쉽게 말해 스피커 상태가 좋지 않은 컴퓨터 같은 사람이다. 전체 성능 자체는 괜찮은데 이상하게 스피커 음질만 나쁜 컴퓨터가 있다. 연결에 문제가 있는지 반응이 느리고 소리가 잘 들리지 않는다.

사람에게는 각각 잘하는 일과 못하는 일이 있다. **이런 사람은 단지 말하고 가벼운 대화를 나누는 능력이 부족할 뿐이다. 다른 사람의 말을 재깍재깍 알아듣고 기민하게 반응을 보이는 능력이 달릴 따름이다. 악의도 없고 한심한 사람도 아니다.** 어린아이라면 붙들고 앉아서 가르치기라도 할 텐데, 다 큰 어른을 이제 와서 어떻게 할 수 있겠는가. 짜증이 나는 게 당연하다. 이런 사람과 같이 생활하는 사람은 스트레스가 쌓일 수밖에 없다. 앞으로도 줄곧 벽에다 대고 말하는 기분으로 살아야 한단 말인가?

발주서처럼 간단명료하게 요청 사항을 전달한다

대화가 서툰 사람에게는 '간단명료하게 요청' 사항을 전달하는' 방법이 효과적이다.

"납품일, 이 날로 잡아도 괜찮을까요?"

"음……."

"다음 주 수요일까지 확정해주세요."

"무슨 고민이라도 있어? 혼자 속에 담아두고 있으면 더 힘들어. 내가 들어줄 테니 말해봐."

"그냥……."

"서류 작업이면 ○○한테, 업무 진행이면 ●●한테 말해. 혼자 고민하지 말고 빨리 말해."

"당신, 우리 가족 무시하는 거야? 말이 너무 심한 거 아냐?"

"그게 아니라……."

"두 번 다시 그렇게 말하지 않겠다고 약속해줘. 약속 어기면 그날로 헤어지는 거야."

이렇게 '다소 일방적'이라 무례하게 느껴질 정도로 '요청 사항'을 발주서처럼 사무적으로 간결하게 전달하자.

평소에 그러지 않던 사람이 쌀쌀맞다고 느낄 정도로 건조한 말투로 전달하면 잘 알아듣고 반응한다. 시킨 대로 순순히 따르며 효율적으로 작업을 수행할 것이다. 키보드를 두드려 명령어를 입력하듯 단순하고 기계적인 방법으로 소통하면 효과 만점이다.

반응이 없는 사람에게는 정중하고 공손하게 말하면 통하지 않는다. 딱 부러지게, 다소 냉정하게 느껴질 정도로 건조하게, 일방적으로 이쪽의 요청 사항을 전달하면 스트레스 받지 않고 해결할 수 있다!

무슨 생각을 하는지 알 수 없는 사람

속마음 단지 표현이 서툰 사람

NG '말로 표현해라'라고 하는 건 아무 소용없다

OK 간단명료하게 요청 사항을 전달하면 움직인다

"악의는 없어"라며 곤란한 상황을 모면하려는 사람에게는 정곡을 찌른 뒤 "좋은 의미로 하는 말이야"라고 되받아친다

"뭐야, 쿠폰 쓰게? 쩨쩨하게 쿠폰 같은 거 챙겨 다니는 사람이었어?"

"(울컥) ……."

"아, 미안. 악의가 있어서 한 말은 아니야."

"저쪽에 다 말했어? 쯧쯧, 사람이 너무 고지식하네."

"(울컥) ……."

"뭐, 악의가 있는 건 아니고. 융통성을 발휘하는 게 좋겠다는 말이지."

듣는 사람이 상처받을 말을 굳이 해놓고 '악의는 없다'는 말 한마디로 얼렁뚱땅 넘어가는 사람이 있다. '악의는 없다'는 말

쩨쩨하게 쿠폰 챙겨 다니는 사람이었어?
아, 미안. 악의가 있어서 한 말은 아니야.
아이고! 악의는 아니었어요!
어질
어질

을 덧붙이면 정색하고 화를 내고 싶어도 낼 수 없다. 화를 내면 나만 속 좁은 사람이 된다. 상대방에게 '악의는 없었기' 때문이다. 참으로 편한 말이다.

"뭘 그렇게까지 말해."

"말씀이 지나치시군요."

어떻게든 되받아쳐도 부글부글 끓어오르는 불편한 감정은 앙금처럼 남아 쉽게 사라지지 않는다. 악의가 없다는 말 한마디로 아예 없었던 일로 치자는 듯 실실 웃고 있다. 듣는 사람이 상처를 받았는지 아닌지는 전혀 개의치 않는다. 그래서 더 속이 상하고 분이 풀리지 않는다. 내 기분을 엉망으로 만들어 놓고 고작 '악의가 없다'는 말 한마디로 넘기려 하다니. 이런 사람에게 대항할 방법은 없을까? 그냥 꾹 참고 넘겨야 할까?

'악의'도 없고 '선의'도 없다

'악의가 없다'는 말로 무마하고 넘어가려는 사람은 배려심이 부족한 사람이다. 차분히 생각하지 않고 입에서 나오는 대로 툭 내뱉어버리고 나서 나중에 '악의가 없다'는 말로 상황을 무마하겠다는 심산이다. 그렇기에 '악의가 없다'는 말이 사실이라도 '선의', 즉 듣는 사람을 배려하는 마음 또한 없는 것이 사실이다.

성숙한 어른이라면 말하기 전에 충분히 생각한다. 심사숙고 후에 한 말이라도 듣는 사람에게 상처를 주었다면 이러쿵저러쿵 변명을 늘어놓지 않고 “죄송합니다. 제 말이 지나쳤습니다”라며 깍듯이 사과한다. 그게 어른이다. 그런데 ‘악의가 없다’는 말로 그 모든 과정을 생략하려 하니, 그래서 더욱 화가 난다.

참고로 이 ‘악의가 없다’는 말과 무척 닮아 사람을 참을 수 없게 만드는 못된 말버릇이 있다.

“술에 취해 기억나지 않는다.”

고주망태가 되도록 마셔놓고 변명이라고 하는 말이다.

“에이, 농담이야, 농담. 화났어?”

선을 넘는 말을 툭 던져놓고 농담이라고 둘러댄다.

“어이쿠, 내가 말실수를 했네.”

막말을 말실수라며 얼버무린다.

레퍼토리는 다양하다.

‘이렇게 말하면 화내지 않겠지. 악의가 없다는데 어쩌겠어.’

어떤 상황에서나 빠져나갈 구멍을 만들어 두려는 고약한 심리가 엿보인다. 비겁하다. 무슨 좋은 수가 없을까? 어떻게 해야 이 무적의 주문을 외치는 사람을 단칼에 처리할 수 있을까?

비장의 무기 '좋은 의미야'

저쪽에서 비겁한 수를 쓴다면 이쪽에서도 같은 수준으로 대응하는 수밖에 없다. 비장의 무기, "좋은 의미야"를 내놓아 보자.

"뭐야, 쿠폰 쓰게? 쩨쩨하게 쿠폰 같은 거 챙겨 다니는 사람이었어? 아, 미안. 악의가 있어서 한 말은 아니야."

"쿠폰 쓸 줄 몰라? 여전히 적당히 사는구나. 아, 좋은 의미로 하는 말이야."

"저쪽에 다 말했어? 쯧쯧, 사람이 너무 고지식하네. 뭐, 악의가 있는 건 아니고. 융통성을 발휘하는 게 좋겠다는 말이지."

"선배처럼 말로 사람을 들었다 놨다 할 재주는 없어서요. 아, 좋은 의미예요."

아무리 심한 말을 해도 마지막에 슬쩍 덧붙이면 상황을 무마할 수 있는 편리한 말이 '좋은 의미야'다. 물론 정석의 방법은 아니다. 정정당당하게 겨루면 좋겠지만, 비겁한 술책을 쓰는 상대에게는 똑같이 비겁한 수준으로 대응해야만 통할 때가 있기 때문이다.

"악의는 없다"는 말에는 "좋은 의미야"로 되받아치자.

주저하지 말고 또박또박, 그러면서도 여유 있는 표정으로

되받아치는 게 비결이다!

"악의는 없어"라며 곤란한 상황을 모면하려는 사람

속마음 그 말 한마디로 대충 넘어가려는 생각이다

NG 그 무적의 주문을 내세우면 화를 낼 수 없다

OK "좋은 의미야"를 덧붙여 배로 갚아주자

되받아치는 기술 14

잔머리 쓰며 자기 잇속만 챙기려는 사람에게는 호들갑스럽게 놀란 척하여 그의 태도가 비상식적임을 알게 해준다

"이거, 마감이 지났는데, 어떻게 좀 안 될까?"

"나 지금 좀 급한데, 먼저 처리해주면 안 될까?"

"미안. 지금 정신이 좀 없네. 오늘 어떻게 안 될까?"

어딜 가나 약삭빠르게 새치기를 하려는 낯 두꺼운 사람이 있다.

규칙을 지키지 않고 특별 취급을 해달라며 아무렇지도 않게 요구한다. 심각한 규칙 위반이나 터무니없이 과도한 요구라면 거절하겠는데, 너무 사소해서 딱 잘라 안 된다고 하기에도 민망한 일이다. 단칼에 거절하면 치사하게 군다고 뒷말을 늘어놓는다.

민원실
후다닥
나 지금 좀 급한데,
먼저 처리해주면 안 될까?
휙!
네?!
하하

"그럼, 너만 믿는다!"

난감하다는 듯 쓴웃음을 지으면, 고개를 꾸벅 숙이고 억지로 떠맡기고, 볼일이 끝났다는 듯 총총 사라진다.

"안 되겠는데요."

"에이, 힘 좀 써봐."

거절하면 어떻게든 해달라고 매달린다.

"이렇게 하시면 안 됩니다."

"안 되는 게 어딨어! 그냥 하면 되는 거잖아. 이렇게 부탁하면 들어줄 줄도 알아야지."

단호하게 거절하면 오히려 발끈해서 덤벼든다. 골치가 아프다. 이런 사람은 어떻게 처리해야 할까? 어떻게 말해야 순순히 물러날까? 얌전히 물러나게 되받아칠 무슨 좋은 말 없을까?

겉으로는 '좋은 사람' 가면을 쓰고 있어 더 악질이다

약은 사람은 '자신에게 관대한 사람'이다. 세상이 자신을 중심으로 돌아간다고 믿는다. 자신에게 유리한 방향으로 규칙을 살짝 다르게 적용해도 상관없다고 생각한다. 그리고 실제로 그렇게 살아온 사람이다. 이런 사람은 다른 사람에게 천연

덕스럽게 떼를 쓴다.

대개 능글거릴 정도로 붙임성이 좋아 의외로 적도 많지 않다. 노골적으로 트집을 잡고 억지를 부리거나 엄청나게 민폐라면 주위 사람들도 상대해주지 않을 텐데 표면적으로는 좋은 사람이라 친구도 적잖게 있는 편이다. 그래서 이런 사람에게 무언가 부탁을 받으면 딱 잘라 거절하기 어렵다. 거절하면 주위에서 "좀 해주면 어때, 유세 부리기는……" 하며 마치 부탁을 들어주지 않는 사람을 나쁜 사람 취급하기 때문이다. 약삭빠르게 자기 잇속을 챙기는 건 누군데.

곤란하고 억울하다. 마뜩잖은 부탁을 억지로 들어주어도 보답은 없다. 고맙다는 말조차 듣지 못할 때도 있다. 이런 사람을 퇴치할 뭔가 좋은 방법 없을까?

"네?", "뭐라고요?", "음?"으로 차단한다

잔머리 쓰며 자기 잇속을 챙기는 사람을 상대할 때는 호들갑스럽게 "네?"라고 되받아치자. 놀란 척이라도 상관없다. 진지할 필요도 없고 농담을 섞어도 좋다. 어쨌든 한 번은 강경한 태도를 보여야 한다. '무슨 말 같지도 않은 소리야?'라는 뉘앙스를 섞어 깜짝 놀랐다는 반응을 보여주자.

"이거, 마감이 지났는데, 어떻게 좀 안 될까?"

"네?!"

"…… 아, 무리인가 보네. 미안, 미안. 무리면 됐어."

"나 지금 좀 급한데, 먼저 처리해주면 안 될까?"

"네?!"

"(갑자기 자세를 낮추며 비굴해진다) ……."

"미안. 지금 정신이 좀 없네. 오늘 어떻게 안 될까?"

"네?"

"안 될까?"

"뭐라고요?!"

"…… 아, 미안. 대충 어떻게 될까 싶었는데. 안 되면 어쩔 수 없고."

강한 반응을 마주하는 데 익숙하지 않아 순간 흠칫하고 물러난다. '뭐야, 평소와 다르잖아'라고 당황하며 슬금슬금 눈치를 본다. 사실 뻔뻔하게 부탁하는 사람도 약간의 죄책감은 느낀다.

'아, 이런 부탁을 하면 안 되는구나.'

놀라서 움츠러들며 눈치를 보게 된다. 그래서 비위를 맞춰주는 달콤한 목소리로 굽신거리며 부탁한다. 죄책감이 없었다면 거들먹거리며 당당하게 부탁했을 것이다. 그러므로 **'지금 뭐라 그랬어?', '뭐라고?', '어디 아파요? 정신 나갔어요?'**

등의 뉘앙스를 담아 깜짝 놀랐다는 반응을 보여주면 흠칫 놀라 요구를 철회할 공산이 크다.

규칙을 지켜달라거나 이런 부탁을 하면 곤란하다고 정중하게 말하기보다 순수하게 놀랍다거나 어이없다는 반응을 보여주는 게 훨씬 대응하기 편하다. 때로는 가장 단순한 방법이 제일 효과적이다.

정색하고 따지면 서로 불편해진다. 그저 '세상에 이런 사람이 다 있나?'라는 반응으로 놀라면 귀찮은 부탁을 하며 얼쩡대는 사람을 퇴치할 수 있다!

잔머리 쓰며 자기 잇속만 챙기려는 사람

속마음 '이렇게 굽히면 들어주겠지'라는 생각을 하고 있다

NG 정색하고 강경한 태도를 보이면 서로 어색해진다

OK 호들갑스레 놀란 척하면 알아서 물러난다

되받아치는 기술 15

자기들끼리만 아는 이야기를 하며 은근히 따돌리는 사람에게는 '꼬치꼬치 질문 퍼붓기' 전략으로 흐름을 끊는다

내 앞에서 A와 B가 즐겁게 이야기를 나누고 있다. 내가 모르는 사람 이야기다.

A "전에 네 담당이던 ㅇㅇ물산 말이야."
B "어, 왜. 무슨 일 생겼어?"
A "왜, 너도 알지? ●● 부장."
B "어, 알지!"
나 "……."

저희끼리만 아는 이야기를 신나게 떠드는 사람이 있다. 듣

여기 분위기 괜찮지?
네~
...
같이 있어도 외롭구나…….

는 사람이 꿔다 놓은 보릿자루처럼 앉아 있건 말건 신이 나서 큰소리로 깔깔대며 이야기꽃을 피운다. 어색한 웃음을 짓고 이야기가 끝나기를 기다리는 수밖에 없다. 분위기를 망치지 않으려고 모르는 이야기에 섣불리 끼어들어 흐름을 끊지 않으려는 배려다.

이런 생각은 큰 착각이다. 그렇게 사람 좋은 미소를 띤 채 가만히 있으면, 점점 더 신이 나서 자기들만의 이야기에 열을 올린다. 이런 경우에는 어떻게 대응해야 할까? 어떻게 해야 이들이 조용히 입을 다물까?

다른 사람을 따돌려서 '동료 의식'을 고취시키려는 사람들

저희끼리만 아는 이야기를 일부러 들으라는 듯 떠드는 사람은 '당신을 따돌리고 싶은 사람'이다. 자기들만 공유하는 이야기는 내부 결속을 높여준다. 그리고 그 자리에 '동료가 아닌 사람', '외부인'이 있으면 분위기가 한층 돈독해지는 경향이 있다.

'알지? 우리끼리는 다 아는 이야기잖아.'

'저 사람은 모르는 이야기야. 저거 봐. 무슨 말인지 몰라서 눈만 끔뻑끔뻑하고 있네.'

이렇게 무리에서 따돌리려는 마음이 저희끼리만 아는 이야기를 쑥덕거릴 때의 묘미다. 누군가를 따돌리는 분위기에서 비뚤어진 희열을 느끼는 사람이 있다. 그래서 자기들끼리만 아는 이야기를 즐기는 사람은 무리 밖의 사람을 강하게 배척하는 경향이 있다. 다시 말해 이런 사람들은 무의식적으로 당신을 따돌리고 있다. 무시하며 우습게 보고 있는 것이다.

당신이 붙임성 좋은 사람처럼 벙싯벙싯 웃기만 하며 이야기에 끼어들지 못할수록 그들은 짜릿한 쾌감을 느낀다.

'무슨 말인지 하나도 모르겠지? 우리는 다 아는데……. 우리는 한편이거든.'

흘낏흘낏 당신의 얼굴을 살피면서 속으로 깔깔대며 웃고 있다. 성숙하지 못한 사람들이다. 자리를 박차고 일어나 나오는 방법도 있지만, 함부로 자리를 떠나는 것도 쉬운 일은 아니다. 어떻게 해야 그들만의 쑥덕공론을 멈추게 할까?

분위기를 살피지 말고 이야기에 불쑥 끼어들자!

저희끼리만 아는 이야기에 열을 올리는 사람들의 화기애애한 친목 도모 분위기를 깨는 가장 좋은 방법은 '꼬치꼬치 질문 퍼붓기'다.

A “전에 네 담당이던 ㅇㅇ물산 말이야.”

B “어, 왜. 무슨 일 생겼어?”

나 “ㅇㅇ물산이 ㅁㅁ계열사죠?”

A “…….”

B “어, 맞아.”

A “왜, 너도 알지? ●● 부장.”

나 “●● 부장님이 누군데요? 저는 모르는 분이에요.”

A “…….”

B “…….”

이렇게 그들의 대화에 불쑥 끼어들어 흐름을 끊어놓자. 그러면 신나게 이야기할 맛이 떨어져 대충 파장 분위기가 만들어진다. 물론 악의가 없다면 제대로 대답해줄 것이다.

“미안! 너는 몰랐구나? ㅇㅇ물산 말이지…….”

알아들을 수 있는 말로 하나하나 통역하듯 설명해주면 함께 대화를 즐길 수 있다.

무슨 이야기를 하는지 알아들을 수 없다면 질문하자. 그게 정상이다. 가장 당연하고 상식적인 행동이야말로 음모를 격파하는 데 가장 효과적인 전략이 될 수 있다. 반사적으로 입꼬리를 한껏 끌어 올려 붙임성 좋은 미소를 지어야 하는 어색한 상황에서 꼭 시험해보자!

자기들끼리만 아는 이야기를 신나게 하는 사람

속마음 당신을 '따돌리는' 중

NG '사람 좋아 보이는 미소'는 그들의 분위기만 띄워줄 뿐이다

OK '분위기 파악 못하는 사람'처럼 꼬치꼬치 캐묻는다

되받아치는 기술 16

매사에 우유부단해서 쉽게 결정하지 못하는 사람에게는 납득할 만한 이유를 간명하게 대며 선택을 유도한다

짜증 지수 70%

"A로 할까요, B로 할까요?"

"글쎄, 이거 난감하네. 부장님 생각은 어때? 마케팅부 의견은 들어봤어? 홍보대행사는 뭐가 좋대?"

"뭐 먹을지 결정했어?"

"아직……. 아이스크림을 먹을까, 그냥 조각 케이크나 먹을까. 아, 고민되네. 뭐가 더 맛있을까?"

살다 보면 우유부단해서 사소한 일조차 결정을 내리지 못하고 어쩔 줄 모르는 사람을 만나게 된다. '됐으니까, 그만 고민하고 제발 결정하란 말이야!' 짜증이 나서 냅다 소리를 지르고 싶을 때가 있다.

중식과 일식 중 어디로 예약할까요?
음……
중식? 아니야……
양식? 부장님 생각은어때?
제발…… 빨리 결정해주세요.

어느 쪽이 낫다고 조언해도 그런 사람은 꼭 그럴 때는 들으려 하지 않는다.

"아냐, 이건 좀 아닌 거 같아."

"조금만 더 생각해볼게."

고집스럽게 결정을 미룬다. 그럴 거면 아예 물어보지도 말라고 화를 내고 싶다.

"그럼, 이쪽으로 하죠!"

"아니, 잠깐만!"

참다못해 어느 한쪽으로 정해서 밀어붙이려고 하면 급제동을 건다. 오락가락하는 상대방의 장단에 맞추느라 결국 함께 고민할 수밖에 없다. 정말이지 지긋지긋하다. 도대체 왜 결정을 못하고 자꾸 미룰까?

"어느 쪽이 나을 거 같아?"

이런 질문을 받았을 때 어떻게 대답해야 제자리를 맴도는 끝없는 고민에서 벗어날 수 있을까?

우유부단한 사람은 욕심쟁이

우유부단한 사람은 욕심이 많은 사람이다. 자신이 무언가를 선택할 때 기필코 성공해야 하고, 절대 실패하고 싶지 않으며, 나중에 후회하지 않아야 직성이 풀린다. 그래서 고민하고 또 고민하며 결정을 미룬다. 그래서 마감 시간이 지났든, 다른 사람이 기다리느라 지쳤든 상관 않고 혼자서 끌어안은 채 모든 가능성을 검토하느라 여념이 없다.

모든 가능성을 검토하는 것은 당연히 무리다. 일단 부딪쳐 봐야 알 수 있는 일도 많다. 그런데도 생각이 너무 많아 선택과 결정이 자꾸자꾸 미뤄진다. 일단 해보고 무슨 일이 생기면 임기응변으로 처리하면 그만이라거나, 어차피 자신의 선택이니 후회하지 않겠다는 각오도 없다……. 그래서 우유부단한 사람은 주위 사람들이 아무리 열심히 조언해도 꿈쩍도 하지 않는다.

이런저런 의견을 지치지 않고 물으면서 막상 말해주면 절대 귀를 기울이지 않는다. 고집스럽게 자기가 결정하려고 끙끙댄다. 그러고는 정작 결정 못하고 차일피일 미룬다.

"정말 그것이 괜찮을까? 책임질 수 있어?"

마지막까지 이렇게 말한다.

"그럼, 그냥 둘 다 할까?"

"그게 그거야."

참다못해 될 대로 되라는 식으로 툭 내뱉는다.

"아냐, 그래도 그중에 조금이라도 나은 걸 골라야지."

미간을 찌푸리고 고집스럽게 다시 고민하기 시작한다. 이쯤 되면 누구도 말릴 수 없다.

이런 사람에게는 어떠한 말도 소용이 없을까? 깔끔하게 한 방에 결단을 내릴 수 있게 밀어붙이는 괜찮은 조언 없을까?

'가·성·비'는 최강의 설득 문구

우유부단한 사람에게 조언해야 할 때는 '어느 쪽이 더 이득'인지를 콕 짚어주자.

"아, 모르겠다. 어느 쪽이 좋을까?"

"B로 하죠. '가 · 성 · 비' 아시죠? 가격 대 성능비 측면에서 B가 더 우수합니다. 게다가 부장님도 그쪽을 더 마음에 들어 하셨고요."

"그래? 그럼 B로 하지!"

"휴, 뭐 먹지?"

"맛집 추천 블로그에서 봤는데 이 집에서는 아이스크림을 꼭 먹으래. 유기농 우유로 직접 만든 수제 아이스크림치고 가격이 저렴하다나봐. 안 먹으면 손해라더라."

"그래? 그럼 나는 아이스크림!"

눈에 보이는 이해득실에 한없이 약한 욕심꾸러기들이다. 어느 쪽이든 상관없으니 '득'이 되는 이유를 들려주면 의외로

쉽게 수긍하고 결정한다. 우유부단한 사람은 생각이 많고 욕심도 많다. 고개를 끄덕이며 수긍할 수 있는 이유를 무엇이든 적당히 둘러대면 다 같이 기다리는 시간을 줄일 수 있고 짜증도 덜 수 있어 모두가 행복해질 것이다!

매사에 우유부단해서 쉽게 결정하지 못하는 사람

속마음 '절대로 실수하거나 선택에 실패하고 싶지 않은' 욕심꾸러기

NG '이쪽이 어때?'라고 골라주어도 듣지 않는다

OK '이쪽이 더 이득'이라고 귀띔하면 바로 결단 내린다

되받아치는 기술 17

갑자기 자기도 모르게 울음을 터뜨리는 사람에게는 아무 일도 없었다는 듯 태연하게 이야기를 계속한다

짜증 지수 73%

"일이 어쩌다 이렇게 된 거지?"

"그게……." (왈칵 눈물을 쏟는다)

"자네한테 기대가 컸는데, 실망도 크네."

"……." (침묵)

아무렇지 않게 이야기를 하다 예고 없이 눈물을 쏟아내 가슴 철렁하게 만드는 사람이 있다. 울지는 않더라도 너랑은 말도 섞기 싫다는 듯 갑자기 입을 꾹 다물어버릴 때도 있다. 분위기가 싸늘해지며 대화의 흐름이 뚝 끊어진다.

"왜, 왜 그래? 내가 기분 상하는 말이라도 했어?"

"괜찮습니다."

안녕하세요!
또 지각이군!
오늘은 꼭 한마디 해야겠어.
오늘 아침에
중요한 회의
있는 거
몰랐어요?!
그게…….
흑흑
흑흑
울 일은
아니잖아…….
안절부절

당황해서 말하면 입으로는 괜찮다고 하지만 동시에 닭똥 같은 눈물을 뚝뚝 떨군다.

"무슨 일이야? 속상한 일이라도 있어?"

물어보면 말없이 고개를 저을 뿐이다. 한참을 어르고 달래도 일단 다운된 기분은 회복될 조짐을 보이지 않는다. 그렇다고 그냥 내버려두면 내내 울상을 짓고 있어 도저히 계속 이야기할 분위기가 아니다. 울지 말라고 다그치면 꺼이꺼이 목 놓아 본격적으로 울기 시작한다…….

우는 사람을 앞에 두고 있으면 주위 시선을 한몸에 받게 된다. 얼굴이 화끈거린다. 어깨나 등을 토닥이며 달래줄 수도 없고, 여러모로 난감하다.

멀쩡하게 함께 이야기하던 사람이 갑자기 울음을 터트리면 어떻게 해야 할까? 그러한 상황에서는 어떤 말이 정답일까?

우는 이유는 본인도 모른다

갑자기 왈칵 울음을 터뜨리는 사람은 혼란스러운 사람이다. 속상하고 답답하고 부끄럽다……. 이런저런 복잡한 감정이 마음속에서 소용돌이치다가 급기야 울음보가 터지는 것이다.

"이것 때문에 속상해서 눈물이 나요. 이 문제가 해결되면 뚝 그치겠습니다."

이렇게 이유를 또박또박 밝히는 사람은 없다. 오히려 다 큰 어른이 다른 사람 앞에서 우는 사실에 부끄러움과 민망함을 느낀다. 눈물이 나는 자신의 모습이 한심하고 분하고 서러워서 또 눈물이 난다.

"왜 그래?"

"울지 마."

이유를 묻고 울지 말라고 달래도 아무 대답을 할 수 없다. 그렇다고 다 울 때까지 내버려두면 자기 탓에 이야기의 맥이 끊긴 것에 마음이 조급해져서 빨리 눈물을 멈추려 하지만, 한 번 터진 눈물샘은 멈추지 않는다.

말을 걸든 걸지 않든 우는 사람의 기분은 나아지지 않고 이유도 알 수 없다. 참으로 난감한 상황이다. 속수무책이다. 내 앞에서 누군가 갑자기 울음을 터뜨린다면 어떻게 해야 할까?

눈물이나 땀이나 똑같다. 신경 쓰지 않아도 된다

울음이 터진 사람은 '아무 일도 없었다는 듯이 대해주기'를 바란다.

"네……." (갑작스러운 눈물)

"전에도 말했는데. 어쨌든 오늘 중으로 보고서 부탁해요."

"……." (침묵)

"오후 두 시부터 회의, 장소는 잡아뒀지? 그리고 그 건 말인데……."

아무 말도 하지 않고 내버려두는 것과는 다른 접근법이다. 말을 걸지 않고 울음을 그칠 때까지 기다려주는 것도 배려다. 상대는 자신에게 신경 쓰지 않기를 바란다. 눈물을 보였다는 사실 자체가 없다는 듯, '그런데 말이야', '그건 그렇고' 등으로 자연스럽게 이야기를 진행해 나가는 게 최선이다. 아무 일 없다는 듯 하던 이야기를 계속하다 보면 차츰 눈물이 잦아들어 이야기를 따라가며 집중하게 된다. 그러면 말하는 사람도 편안하게 이야기를 진행할 수 있어 일석이조다.

말하자면 '눈물을 마음이 흘리는 땀'으로 여기는 것이다. 땀을 뻘뻘 흘리는 사람에게 땀 좀 그만 흘리라고 타박하는 사람은 없다. '땀을 많이 흘리네'라는 생각이 들더라도 그건 스스로 제어할 수 없는 것이므로 굳이 짚어 입 밖에 내어 말하지 않고 하던 이야기를 계속한다. 눈물을 흘리든, 말없이 고개를 푹 숙이고 있든 마찬가지다. 깊게 파고들지 말고 담담하게 하던 이야기를 계속하면 곧 감정이 다시 안정적인 상태를 찾아갈 것이다!

갑자기 자기도 모르게 울음을 터뜨리는 사람

속마음 땀을 흘리는 것과 다르지 않다

NG 말을 걸거나 그냥 내버려두는 방법은 바람직하지 않다

OK 아무 일도 없었다는 듯 대하면 상대도 마음을 추스를 수 있다

생색

part 3

교만한 말로 남을 무시하는 사람에게 되받아치기

되받아치는 기술 18

매사를 삐딱하게 보며 트집 잡는 사람에게는 조목조목 긍정적인 말로 바꾸어 말해준다

"오늘 그 옷, 너무 튀지 않아? 그 색 진짜 좋아하나본데 안타깝게도 안 어울려."

"기획서 이렇게밖에 못 써? 요점이 뭐야? 요점이 한눈에 들어오게 써야지."

하는 일마다 퇴짜를 놓고 트집을 잡는 얄미운 사람이 있다.

공연히 트집을 잡지 못해 안달이다. 입만 열면 불평불만을 쏟아내서, 듣고 있으면 짜증이 울컥 치밀어 오른다.

"그래서 어쩌라고요!"

덮어 놓고 트집을 잡으면 분통을 터트리고 싶어질 때도 있다. 그러나 '대안이 없는 부정은 금물'이라는 교훈을 머릿속에

오늘 그 옷,
너무 튀지 않아?
쭈욱
봄이라 화사하게
입어봤는데, 괜찮죠?
그 색 진짜 좋아하나본데
안타깝게도 안 어울려.
쭈욱
그래요?
제가 제일 좋아하는
색이에요.

넣어두자.

“칭찬은 고래도 춤추게 한다잖아요. 가끔은 칭찬도 해주시면 좋을 텐데요.”

붙임성 있는 사람은 싹싹하게 비위를 맞추며 꼬투리 좀 그만 잡으라고 말할 수도 있다. 하지만 이런 대응은 아무 의미가 없다. 이런 사람은 자기 의견이나 소신을 분명히 밝히지 않는 것은 물론 어떤 것을 잘했다고 칭찬해주는 법이 없다.

“그런 건 스스로 생각해야지!”

“어디 잘한 구석이 있어야 칭찬하지!”

되로 주고 말로 받지나 않으면 다행이다. 공연히 트집 잡는 이 못된 버릇을 어떻게 고쳐줄 수 있을까? 우리를 못살게 구는 ‘트집 대마왕’에 대항할 좋은 방법 없을까?

트집을 잡으면 쾌감이 느껴져 중독된다

매사에 투덜투덜 트집을 잡는 사람은 트집 잡는 습관이 아예 몸에 밴 사람이다. 원래 트집 잡기가 입에 배면 버릇이 되기 쉽다. 트집을 잡으면 내가 똑똑한 사람이 된 것처럼 느껴질 때가 있다. 트집을 잡으며 으쓱해지고 우월감을 맛볼 수 있다.

미주알고주알 결점을 지적하며 남들은 놓치는 부분까지 예리하게 잡아내는 눈썰미가 좋은 사람처럼 느껴진다. “이거 괜찮은데”라며 싱글싱글 웃는 사람보다 “이거 안 되겠네!”라며 부정하는 사람이 일 잘하는 유능한 사람처럼 보인다. 그래서 무심코 트집을 잡게 된다. 게다가 머릿속으로는 칭찬해야 하는 상황이라는 걸 알면서도 바빠서 시간이 없을 때는 칭찬할 여유가 없다.

개선해야 할 부분만 속사포처럼 지적하고 끝낸다. 효율적이라면 효율적이다. 또 트집을 잡으면 권위 있는 사람처럼 으스댈 수 있다. 트집을 잡으면 목에 힘을 주고 상대방을 위에서 아래로 내려다볼 수 있다. 그래서 내가 너보다 위라는 사실을 강조하고 싶을 때 부정적인 말로 이것저것 지적하고 싶어서 입이 근질거린다.

몇 번 트집을 잡아보면 트집에 중독된다. 트집을 잡는 내 모습이 그럴싸하게 느껴지고 트집을 잡는 과정에서 짜릿한 쾌감을 맛볼 수 있다. 그래서 기회만 있으면 트집 잡을 궁리부터 한다. 금단의 열매, 중독성이 있는 마약이 바로 트집 잡기다. 그래서 트집은 그만 잡고 어떻게 해야 할지 가르쳐달라고 요청해도 트집에 중독된 사람은 트집 잡기를 멈추지 않는다.

“다 너를 생각해서 하는 말이야.”

“칭찬하는 건 쉬운 일이야. 나라도 따끔하게 말해야지.”

적반하장 식으로 자기 트집을 정당화하는 궤변을 늘어놓는다. 그렇다면 트집 대마왕에게 덜미가 잡힌 사람은 평생 벗어날 수 없는 트집 지옥에 갇혀 살아야 할까? 영혼이 너덜너덜해지도록 나를 부정하기만 하는 말을 언제까지 들으며 시달려야 할까?

'해맑은 영혼'은 최강의 캐릭터

트집 대마왕을 상대하는 비결은 '긍정왕'이 되는 것이다.

"오늘 그 옷, 너무 튀지 않아?"

"봄이라 화사하게 입어봤는데, 괜찮죠?"

"그 색 진짜 좋아하나본데 안타깝게도 안 어울린다."

"그래요? 제가 제일 좋아하는 색이에요."

"기획서 이렇게밖에 못 써? 요점이 뭔지 한눈에 파악되지 않잖아."

"하고 싶은 말이 워낙 많아서요."

"폰트도 이게 뭐야."

"아! 그럼 폰트만 바꾸면 완벽하겠어요!"

이렇게 트집을 잡을 때마다 부정문을 긍정문으로 바꾸어 말해보자. 상대에게 맞추어 나까지 우거지상을 하면 뼛속까

지 우울해질 뿐이다. 억지로라도 긍정적인 기운을 짜내서 부정적인 분위기를 날려버리자.

이 과정을 반복하면 상대방도 차츰 질려서 쓴웃음을 지으며 머쓱해져 물러나기 시작한다.

"음, 그래?"

"완벽하지는 않아도 뭐 어때. 그 정도면 됐다."

이런 반응을 보이면 트집 잡기 중독에서 벗어나기 시작했다는 증거다.

무슨 말이든 긍정으로 받아치는 해맑은 영혼의 소유자, '긍정왕'이야말로 트집 대마왕에게 지지 않는 최강의 캐릭터다. 당신도 긍정왕이 되어 트집 대마왕을 물리쳐보자!

매사를 삐딱하게 보며 트집 잡는 사람

속마음 '트집 잡기'에 중독된 사람

NG 숙이고 들어가면 화를 키울 뿐이다

OK '긍정왕'이 되어 부정을 긍정으로 바꾸어 말하자

되받아치는 기술 19

원하지도 않는 조언을 자랑 삼아 늘어놓는 사람에게는 일단 자랑을 들어주며 반격 기회를 노린다

“일단 발품을 팔든 인터넷을 뒤지든 정보를 모아야지. 그리고 계획을 세우고. 그러면 계약은 일사천리로 진행이잖아. 내 말, 알겠어?”

“열 번 찍어 안 넘어가는 나무 없다는 말은 연애의 진리야. 그러니까 너도 화끈하게 밀어붙여 봐.”

“요즘은 미운 일곱 살이 아니라 미운 네 살이라던데. 어쨌든 네 살을 잘 넘겨야 한다더라. 독박 육아라 더 힘들지?”

물어보지도 않았는데 생색을 내며 조언하는 사람이 있다. 게다가 그런 말을 절대 듣고 싶지 않은 사람일수록 조언을 하고 싶어 난리다. 듣고 있으면 짜증이 치밀어 오른다.

아~
일단 발품을 팔든 인터넷을
뒤지든 정보를 모아야지.
그리고 계획을 세우고.
이미 다 알고 있지만
다시 한번 새겨듣자.
설마 귀에서
피 나겠어?
아, 네,
알겠습니다.
그러면 계약은 일사천리로
진행이잖아. 내 말, 알겠어?
그리고 이것도 알아야 해.
잠시 후
실제로 귀에서 피가 남
주륵

“아, 네. 참고하겠습니다.”

원만한 사회생활을 위해 꾹 참고 들으며 대충 맞장구라도 쳐주면 상대는 신이 나서 입에 침을 튀겨가며 조언에 열을 올린다.

“제 일은 제가 알아서 하겠습니다.”

“호의를 건네면 곱게 받아야지. 내가 시간이 남아돌아서 이러고 있는 줄 알아? 심보가 아주 못돼 먹었네!”

불필요한 조언을 단호하게 거절하면 예의 없는 사람 취급을 하며 길길이 날뛴다. 사람마다 각자 자기 방식이 있다며 반박해도 “그래서, 어쩌라고?”라며 눈을 부라린다. 쓸데없는 조언을 남발하는 오지랖 넓은 사람, 만만치 않은 강적이다. 현명하게 넘기고 적절하게 되받아치는 방법 어디 없을까?

“나 때는 말이야”로 시작하는 우기기

조언하고 싶어 하는 사람은 자신이 그 사람보다 위에 있음을 확인하고 싶어 하는 사람이다.

조언이란 시작하는 순간, 상대의 위에 설 수 있는 불가사의한 힘을 가지고 있다. 단순히 A보다 B가 낫다는 정도로만 말해도 선생님과 학생의 관계처럼 상하 수직관계가 만들어지며 서열이 생길 수 있다.

그런데 열에 아홉은 남에게 조언할 수 있을 만한 지식도 자격도 갖추고 있지 않다. 애초에 우리 대다수는 누군가에게 조언할 수 있는 위치에 있지 않다. 그런데도 조언을 하고 싶어 한다.

조언을 즐기는 사람은 '자신의 경험'에 주로 의지한다. 업무를 지도해주는 선배든, 연애 무용담을 이야기하는 상사든, 손주 교육에 잔소리하는 시어머니든 대개 오지랖 넘치는 조언은 '자신의 경험'에서 비롯된다.

"나 때는 말이야"로 시작하는 자기 경험에 의존해 이야기한다. 백번 양보하더라도 '나 때는 그랬으니까 너도 나처럼 해야지'라는 주장은 논리적으로 모순된다. 세상에 같은 사람은 없다. 각자 자신의 방식으로 각기 다른 인생을 산다. 그런데도 "나 때는 말이야"를 무기로 조언을 남발한다. 뭐라고 반박해도 듣지 않는다. 말이 통하지 않는다.

나는 다르다고 말해도 나 때는 그랬다는 말만 귀에 딱지가 앉도록 반복한다. 의견을 말하면 자기 생각을 강요한다. 사람마다 다르다고 말하면 그래도 나 때는 그랬으니 너도 그럴 거라고 박박 우긴다.

강적이다. 악몽이나 다름없다. 어떻게 해야 이 "나 때는 말이야" 화법을 구사하는 사람을 퇴치할 수 있을까?

차라리 자랑을 듣는 게 낫다

조언을 시작하려는 조짐이 보이면 재빨리 멍석을 깔고 '자랑 한마당'에 출연할 기회를 마련해주자. 이것저것 조언을 해서 짜증이 난다면 실질적인 해가 적은 '자랑' 쪽으로 화제를 유도하자.

"일단 발품을 팔든 인터넷을 뒤지든 정보를 모아야지. 그리고 계획을 세우고. 그러면 계약은 일사천리로 진행이잖아. 내 말, 알겠어?"

"와, 선배님은 그렇게 계약을 따냈군요?"

"그럼, 회장상도 세 번이나 받았다니까!"

"열 번 찍어 안 넘어가는 나무 없다는 말은 연애의 진리라니까. 그러니까 너도 화끈하게 밀어붙여 봐."

"왕년에 인기 좀 있었나봐요. 부럽습니다."

"아, 내가 예전에는 좀 잘 나갔지……. 나 좋다는 여자들이 줄을 섰었다고."

"요즘은 미운 일곱 살이 아니라 미운 네 살이라던데. 어쨌든 네 살을 잘 넘겨야 한다더라. 독박 육아라 더 힘들지?"

"어머, 어머니도 그이 키우실 때 혼자 고생이 참 많으셨겠어요."

"그래, 나 때는 말이다……."

이렇게 이야기의 초점을 '조언'에서 '옛날 자랑'으로 비껴가게 만들자. 물론 자랑을 듣는 것도 쉬운 일은 아니다. 듣다 보면 짜증이 날 때도 있다. 그러나 근거 없는 자신감으로 건네는 조언보다는 차라리 자랑을 들어주는 게 낫다. 일단 자랑 이야기로 화제를 전환한 다음 반격 기회를 엿보자.

"나 때는 말이야"로 말문을 여는 악몽 같은 화법에서 한시라도 빨리 벗어나는 게 정답이다!

원하지도 않는 조언을 자랑 삼아 늘어놓는 사람

속마음 자신의 경험에만 의존해서 조언하는 사람

NG 무슨 말을 해도 "나 때는 말이야"를 반복한다

OK 자랑할 기회를 만들어주고 반격의 기회를 노린다

되받아치는 기술 20

'상식'을 무기로 휘두르며 다른 사람의 의견을 깔아뭉개는 사람에게는 일반론의 함정에 빠지지 말고 '나는'을 방패로 대응한다

짜증 지수 87%

"그런 건 상식이야, 상식! 생각할 필요도 없어."

"뜬금없이 무슨 소리야? 상식적으로 생각해보면 당연한 일이잖아."

무슨 일이든 곧바로 '상식'을 끄집어내 무기처럼 휘두르며 다른 사람의 의견을 제대로 듣거나 깊이 생각하지도 않고 깔아뭉개는 사람이 있다.

"아이디어 좀 내봐."

"앞으로는 케케묵은 옛날 사고방식은 통하지 않는다고. 뭔가 상식을 깨는 참신한 거 없어?"

"아니, 이건 좀. 상식적으로 아니지 않나?"

앗, 어디로
가야 하지?
이럴 땐 직진이 상식이야, 상식!
생각할 필요도 없어.
...
싫어.
난 이쪽이 좋아!
휙

입으로는 새로운 걸 내놓으라고 말하면서 막상 새로운 걸 가져가면 상식을 운운하며 퇴짜를 놓는다. 기껏 머리를 짜내서 만들었는데, 의욕이 깡그리 사라진다.

"그런 상식은 누가 정했죠?"

되받아치고 싶지만 꾹꾹 눌러 참으며 속으로 삭인다.

"새로운 아이디어를 내보라고 하셨잖아요."

"상식을 의심하라면서요."

참다못해 한 번씩 정면승부로 맞서보기도 한다. 그러나 이런 노력은 언제나 허사로 끝난다.

"아직 젊어서 뭘 모르는군."

"상식을 깨라고 해도 정도가 있는 거지. 이건 선을 넘어도 한참 넘었잖아."

코웃음을 치거나 빈정거려 기분만 더 상한다.

매사에 상식을 운운하는 이런 사람과 맞서려면 어떻게 해야 할까? 뭔가 좋은 수 없을까?

'상식인'은 자기 머리로 생각하고 싶지 않을 뿐

매사에 상식을 들먹이는 사람은 사실 자기 머리로는 생각하고 싶지 않은, 어지간해서는 머리를 쓰지 않으려는 게으른

사람이다. 생각하기 싫다. 머리를 쓰는 일은 귀찮다. 그래서 일단 '상식'이라는 편리한 단어를 들이대며 귀찮게 생각해야 하는 일을 차단한다.

물론 그 상식이 정말로 정당하다면 충분히 납득할 수 있다. 그러나 평소에 상식을 운운하는 사람의 상식은 상식으로 통용되는 수준에 못 미칠 때가 많다. 요즘 시대에는 통하지 않는 구시대 상식이거나 일부에서만 통용되는 규칙 수준의 상식일 때도 있다. 이런 사람이 제일 하고 싶지 않은 일이 바로 '토론'이다.

"다른 나라에서는 이게 상식입니다."

"상식을 뒤집어엎으라면서요!"

정론을 들이대며 반박해도 상황은 달라지지 않는다.

"조사했더니 이런 결과가 나왔습니다."

"저쪽하고는 이야기를 다 끝냈습니다."

정공법을 포기하고 에둘러 급소를 찌르는 전략도 잘 통하지 않는다. 다른 사람의 의견에 귀를 기울이거나 일일이 자신이 생각해야 하는 상황이 무척 귀찮고 성가시기 때문이다.

"아, 시끄러워. 시끄럽다니까."

귀찮은 모기를 쫓듯 손사래 치며 일단 물러나게 만든다. 그러고는 "세상 물정을 모른다"라며 뒤에서 흉을 본다. 절대 태도를 바꾸지 않는다.

'나는'을 주어로 밀어붙이자!

매사에 상식을 운운하는 사람을 상대하려면 어떻게 해야 할까? 자꾸자꾸 비상식적인 행보를 선보이는 게 첫 번째다. 헤실헤실 웃으며 세상 물정 모르는 순진한 캐릭터를 연기하자. 직감에 몸을 맡기고 머리에서 떠오르는 대로 하고 싶은 말을 시원하게 해버리자.

"그런 건 상식이야, 상식! 생각할 필요도 없어."

"그래요? 저는 이게 더 나은데요. 물론 근거는 없습니다!"

"뜬금없이 무슨 소리야? 상식적으로 생각해보면 당연한 일이잖아."

"싫어요. 저는 이게 더 좋아요. 이게 더 마음에 들거든요!"

핵심은 '나'를 주어로 내세워 어디까지나 내 개인 의견임을 강조하는 것. 일반론이나 데이터 등을 들먹여서는 안 된다.

"○○ 씨는 어떻게 생각하세요?"

"의견을 말씀해주세요."

마지막 한 방으로 상대에게 자기주장을 요구하자. 그러면 싫어도 자기 머리로 생각할 수밖에 없다. 그조차 귀찮은 사람은 "그냥 너 하고 싶은 대로 해!"라며 황급히 이야기를 끝내고 자리를 뜰 때가 많아 세상 편하게 살 수 있다.

스스로 생각하지 않는 사람에게는 반대로 이쪽의 생각을

마구 들려주자. '조금은 자기 머리로 생각하라'는 메시지도 줄 수 있는 교묘한 기술이다!

'상식'을 들먹이며 다른 의견은 깔아뭉개는 사람

속마음 스스로 생각하고 싶지 않은 사람

NG 똑같이 상식을 운운하면 답 없는 입씨름만 하게 된다

OK '나는'을 주어로 자기주장을 펴붓는다

되받아치는 기술 21

융통성 없이 지나치게 원리원칙만 강조하는 사람에게는 부드러운 말로 마음을 풀어주고 행동을 바꾸게 유도한다

"어제가 마감이라 접수할 수 없습니다."

"원칙에 따라 몰수하겠습니다."

"규정상 출입 금지 구역입니다."

어느 정도 융통성을 발휘할 법한 일에도 고지식하게 규칙을 강조하는 사람이 있다. '원칙이다', '규정이다', '약속이다'라는 식의 정론을 내세우며 이쪽의 부탁은 들어볼 생각조차 하지 않는다. 벽창호처럼 말이 통하지 않는 사람을 보면 가슴이 답답하다. 이런 사람을 상대할 때면 이런저런 말을 주워섬겨 어떻게든 이쪽의 의사를 전달하고자 애쓰지만 잘 되지 않는다.

"부장님한테 혼난다니까요."

접수하러 왔습니다.
접수 시간이 지나 마감되었습니다.
접수처
접수하러 오다 사고가 ……
규정상 안 됩니다.
아잉~ 제발요, 제발 받아주세요~
뿌잉
뿌잉
안 됩니다. 안 되기 때문에 안 됩니다.
정
색

"이번 한 번만, 딱 한 번만 봐주시면 안 될까요? 딱 하루만 연장해주세요."

읍소 작전을 구사해 울먹이고 간절하게 애걸해본다.

"그럼 어떡하란 말입니까!"

"원래 마감은 하루이틀 여유를 두고 잡는 거잖아요. 다 알고 있거든요."

때로는 윽박지르고 때로는 넌지시 떠보기도 한다. 그런데 이런 방법은 모두 통하지 않는다. 절대로 성공할 수 없다. 오히려 상대를 더 자극해 "진짜 마감은 그저께였거든요. 그나마 하루 봐드린 거예요. 지금 마감하겠습니다"라는 대답이 돌아올 수도 있다.

이런 상황에서는 어떻게 해야 할까? 원리원칙주의자가 내 말에 귀를 기울이게 만들려면 어떻게 해야 할까? 무슨 좋은 방법 없을까?

자신이 정의임을 의심하지 않는 사람

융통성이 없는 사람은 어쨌든 자신이 '옳다'고 믿는다. 나는 옳다. 정해진 원칙을 따르고 있으니까. 원칙을 어기라고 부탁하는 저쪽이 잘못이다. 원칙은 누구나 따라야 하는 기본적인 규칙이니 말이다.

사회생활을 하는 성인이라고 하기에는 지나치게 단순한 사고방식이다. 세상은 원리원칙대로 돌아가지 않는다. 그러나 원리원칙주의자는 자신의 정당성을 의심하지 않기에 고집스럽게 완고함을 유지할 수 있다.

원칙을 어그러뜨리려는 사람을 '악인'으로 간주해 교섭하려 들수록 더욱 완고한 태도를 보인다. 뇌물을 제안 받은 정의로운 경찰이라도 된 양 내 눈앞에서 사라지라며 정색하고 화를 낸다. 어떻게 해야 이런 사람을 조금이라도 부드럽게 만들 수 있을까? 정의의 사도를 자처하는 사람에게 비집고 들어갈 틈이 있기는 할까?

죄송합니다, 미안합니다, 죄송합니다, 미안합니다……

융통성 없이 원리원칙만 고수하는 사람은 의외로 '사과'에 약하다. 제 잘못입니다. 정말 죄송합니다. 미안합니다. 반성하고 있습니다. 그렇죠, 약속은 지켜야죠. 면목이 없습니다. 폐를 끼쳐서 죄송합니다. 내 잘못으로 이런 귀찮은 일에 말려들게 해 죄송하다는 마음으로 상대의 기분을 헤아리며 사과에 집중하자.

읍소 작전과 비슷한 듯하지만, 다르다. 읍소 작전은 숙이고 들어가 양보를 끌어내는 작전이다. 그러나 사과 작전은 '어떻게 좀 해달라'는 마음은 완전히 버리고 '사과하기'만 입력된 로봇처럼 사과에 집중해야 한다.

고개가 땅에 닿도록 숙이며 사과하면 어떻게 될까? 놀랍게도 그렇게 완고하던 사람이 "그렇게까지 말씀하시니 알겠습니다. 단 내일까지는 반드시 가져오셔야 해요"라며 선선히 양보해준다.

원리원칙주의자도 사람이다. 피도 눈물도 없는 기계가 아니라 마음이 있다. '내가 옳은 일을 했다'는 사실을 실감할 수 있다면 마음에 여유가 생긴다. 그래서 고개를 조아리며 사과하는 사람에게 친절하게 대응해준다.

일방적으로 사과를 받으면 민망할 수 있다. 또 이렇게까지 고개를 숙이며 용서를 빌어야 할 일은 아닌데 싶어 한 번쯤 눈감아주자는 생각도 슬슬 든다. 그래서 "이번 한 번뿐입니다! 마지막 기회입니다!"라고 양보해준다. 나그네의 외투를 벗긴 태양과 같다.

융통성 없는 사람을 상대로 섣불리, 어설프게 교섭하려고 들었다가는 오히려 역효과를 가져올 수 있다. 그저 진심 어린 사과에 집중하자. 단순하지만, 놀라울 정도로 효과적인 전략이다!

융통성 없이 지나치게 원리원칙만 강조하는 사람

속마음 '자신이 옳은 일을 하고 있다'고 굳게 믿고 있다

NG 교섭하려 들면 반발심만 자극한다

OK 최선을 다해 사과하면 알아서 양보해준다

되받아치는 기술 22

남의 말을 끝까지 듣지도 않고 제멋대로 결론 내리는 사람에게는 '시시한 잡담'으로 화제를 전환하여 벗어난다

짜증 지수 82%

"요즘 남편이랑 사이가 좀……."

"원래 애 낳고 나면 다 그래. 사랑이 아니라 의리로 산다는 말 못 들어봤어?"

"실은 회사를 옮길까 생각 중이라……."

"아, 그래? 30대 중반쯤 되면 누구나 한 번쯤 그런 생각이 들지. 누구나 다 그래."

말을 끝까지 듣기도 전에 앞질러 가서 멋대로 결론을 내리는 사람이 있다. 기껏 고민을 털어놓았더니 자기 멋대로 정리해버린다. 큰맘 먹고 진지하게 이야기하는데 '흔해 빠진 일'이라며 한데 뭉뚱그려 일축해버리니 슬그머니 부아가 치민다.

회사 옮길까 생각……
30대 중반쯤 되면 누구나 한 번쯤 그런 생각이 들지. 누구나 다 그래.
그런가……?
요즘 여자친구랑 사이가 좀 ……
3년 연애하면 다 그래.
너랑 이야기하면 너무 짜증나!!
왜 그래?!

"아니, 그런 게 아니야."

"사람에 따라 다른 거 아니야?"

반론해도 상대는 입을 다물지 않는다.

"다들 자기는 다르다고 하지만, 사람 사는 게 다 거기서 거기야. 어차피 다 똑같아."

"너라고 별수 있니? 다들 비슷한 고민을 안고 사는 거지."

반론할수록 더 신이 나서 이야기에 열을 올린다. 아무리 아니라고 말해도 듣지 않는다. 일정한 틀을 정해 놓고 나를 그 안에 분류해 넣은 후 자기 맘대로 꼬리표를 붙여 정리해버리고 단정 짓는다.

도대체 왜 다른 사람의 말을 듣지 않을까? 이런 사람에게 대항하려면 어떻게 해야 할까?

'똑똑한 사람 행세'는 질이 나쁘다

일방적으로 단정 짓는 사람은 자신을 '똑똑한 사람'이라고 믿는다. 패턴을 찾거나 카테고리로 묶어서 생각하기를 좋아하고, 자신이 찾은 패턴이나 카테고리를 다른 사람에게 적용하면서 묘한 기쁨을 느낀다. 남들은 보지 못하는 패턴이나 카테고리를 용케 찾아내는 자신의 능력에 도취되어 눈앞에서

이야기하는 사람의 말이 들리지 않는다.

'음, 그래, 그런 패턴의 이야기란 말이지.'

'알지, 알지. 전에 들었던 이야기랑 같네.'

멋대로 수긍하며 은근히 기뻐한다. 더 심할 때는 '또 이런 이야기야?'라는 표정으로 지긋지긋하다는 듯 입이 찢어지도록 하품을 한다. 이래서는 대화라고 할 수 없다. 아무리 나는 그런 경우가 아니라고 항변해도 "어차피 사는 게 다 거기서 거기"라며 코웃음을 칠 뿐이다.

"사람에 따라 다를 수 있지."

"그래? ○○도, ●●도 똑같은 이야기를 하던데."

소심하게 반박하면 유들유들하게 다른 사람의 예를 끄집어낸다. 이런 사람에게는 성실하게 반론해도 통하지 않는다. 되받아치면 되받아칠수록 자신의 지식을 드러낼 기회를 주어 그들을 기쁘게 만들 뿐이다.

어떻게 하면 이 똑똑이를 찍소리 못하게 만들어줄 수 있을까? 좋은 해결책 없을까?

'세상 시시한 이야기'는 일방적으로 단정 지을 수 없다

까다롭고 있어 보이는 이야기를 좋아하며 뭐든지 정해진

패턴으로 분류해 단정 짓기를 좋아하는 사람에게는 '세상 시시한 이야기'가 효과적이다.

"원래 애 낳고 나면 다 그래. 사랑이 아니라 의리로 산다는 말 못 들어봤어?"

"아, 미안. 자꾸 가스가 차서. 혹시 냄새나면 문 좀 열까?"

"……."

"아, 그래? 30대 중반쯤 되면 누구나 한 번쯤 그런 생각이 들지. 누구나 다 그래."

"와, 이 집 케이크 맛집이네. 진짜 맛있다!"

"……."

제멋대로 이야기를 요약하기 시작하면 아무리 용을 써도 패턴화할 수 없는 시시한 신변잡기에 가까운 화제를 툭 던지자. 생뚱맞은 화제를 꺼내 이야기의 맥을 끊는 전략이다. 이로써 '네 이야기 한심해', '듣기 괴로워'라는 메시지를 은연중에 암시할 수 있다.

이쯤에서 상대방이 물러나면 정상적인 대화로 넘어갔다가 다시 그러한 대화 패턴으로 돌아올라치면 "아, 배고프다! 배에서 꼬르륵 소리 난다", "밖을 좀 봐. 날씨 진짜 좋다!"라며 억지로 화제를 돌리자. 남의 이야기를 멋대로 요약하는 재미에 푹 빠진 사람에게는 '종잡을 수 없는 이야기'로 찬물을 끼얹어 정신이 번쩍 들게 만들자!

말을 끝까지 듣지도 않고 결론 내리는 사람

속마음 '나는 머리 좋은 똑똑한 사람'이라고 믿는다

NG '사람마다 다르다'라고 반박해도 통하지 않는다

OK 단정 지을 수 없는 '시시한 이야기'로 입을 다물게 한다

되받아치는 기술 23

유난히 생색내는 사람에게는 가볍게 맞장구치며 슬쩍 넘어간다

"야, 그때 기억나? 자료 준비가 늦어져서 진짜 아찔했지. 내가 휴일을 반납하고 도와줬기에 망정이지, 안 그랬으면 어쩔 뻔했어. 그때 나 없었으면 승진 물 건너갔다."

"너 남자친구랑 대판 싸웠을 때 내가 화해시키려고 두 사람 사이에서 얼마나 애썼는지 몰라. 지금 이렇게 결혼해서 잘 사니 얼마나 좋아. 내 노력이 헛되지 않아서 다행이야!"

"요즘 어째 코빼기도 안 비추니? 자식 키워봤자 다 소용없지. 하긴 요즘은 멀리 사는 피붙이보다 가까이 사는 이웃이 낫다고 하더라."

유난히 생색내는 사람, 감사를 강요하는 사람이 있다. 마음

이거
자네 지갑 아닌가?
맞아요!!!
!!
헉
...
나 아니었으면
큰일 날 뻔했어~
정말 감사합니다!
1년 뒤
작년에 내가
자네 지갑 주워준 거
기억하나?
그럼요~
2년 뒤
예전에 내가
자네 지갑 주워줬었지?

속으로 충분히 감사하고 있는데 기회가 있을 때마다 생색을 내지 못해 안달이니 감사하는 마음이 차갑게 식는다. 그렇다고 나 몰라라 할 수도 없다. 어쨌든 신세를 진 건 사실이라 겉으로 싫은 기색을 드러낼 수 없다.

"신세 많이 졌습니다. 늘 감사하고 있습니다."

일단 정중하게 고개 숙여 인사한다.

"그렇지? 나 없었으면 어쩔 뻔했어?"

그러면 상대는 더욱 기세등등해져 대놓고 생색을 내기 시작한다.

"그때는 참 감사했습니다. 근데 워낙 오래전 일이고."

벼르고 벼르다가 옛날 일 좀 그만 들먹이라고 한마디 했다.

"배은망덕한 놈!"

"은혜도 모르는 막돼먹은 녀석! 서러워서 못 살겠다."

그랬더니 피해자 시늉을 하며 징징대다 끝내 역정을 낸다. 어떻게 하지? 은혜도 모르는 파렴치한 사람이 되어야 할까? 생색내기를 좋아하는 사람에게 통하는 좋은 방법 없을까?

영원히 '빚'을 만들어두는 작전

생색내기를 좋아하는 사람은 '빚'을 묵혀두기를 좋아하는 책략가다. 진짜 선의로 한 일이라면 평생 우려먹지 않는다. 듣기 좋은 꽃노래도 한두 번이지 감사 인사도 되풀이되면 서로 불편해질 수 있다. 오히려 딱히 해준 일도 없는데 감사를 받아 민망하다며 겸손하게 사양하는 사람이 진짜 좋은 사람이다.

생색내기를 좋아하는 사람은 다르다. 기회가 있을 때마다 '내가 누구에게 무엇을 해주었다'며 강조한다. '빚'이 있음을 일깨우기 위해서다. 빛바랜 차용증을 훈장처럼 펄럭이고 다니는 사람이다. 그 증거로, 이런 사람들은 절대 은혜 갚을 기회를 주지 않는다.

아무리 감사 인사를 하고 어떻게든 은혜를 갚으려고 해도 빚을 탕감해주지 않는다.

"그때 참 힘들었지."

"힘든 시절을 잊지 말자."

이런 말을 입버릇처럼 반복하며 '빚'을 갚지 못하게 한다. 불편해져서 거리를 두려고 하면 '은혜를 모르는 사람'으로 치부하며 어떻게든 곁에 묶어두려 한다.

빚을 다 갚아도 놓아주지 않는 질 나쁜 사채업자와 같다. '공짜보다 비싼 건 없다'는 말처럼 은혜와 의리는 정말로 무서운 대가를 치러야 하는 법이다. 이 '생색 지옥'에서 빠져나가려면 어떻게 해야 할까? 이 엎드려 절 받기를 좋아하는 사람을 어찌할 방법이 없을까?

필요하지 않으면 받지 않으면 그만이다

생색내기 좋아하는 사람에게는 내가 됐다 싶은 수준으로 은혜를 갚으면(감사를 표하면) 단호하게 태도를 바꾸자. 누군가에게 빚을 떠넘기듯 털어버리자.

"그때 나 없었으면 승진 물 건너갔다."

"와, 지금 생각해도 가슴이 철렁하네. 아찔하다, 아찔해!"

"지금 이렇게 결혼해서 잘 사니 얼마나 좋아. 내 노력이 헛되지 않아서 다행이야!"

"그러게 말이야. 그런 시절도 있었네. 진짜 그립다!"

"자식 키워봤자 다 소용없지. 하긴 요즘은 멀리 사는 피붙이보다 가까이 사는 이웃이 낫다고 하더라."

"그러게 말이에요. 누가 만든 말인지, 진짜 맞는 말이라니까요."

핵심은 그 사람이 베푼 은혜 자체는 부정하지 않는 것. "그러게 말입니다" 등의 말로 남의 일처럼 부담 없이 시원스럽게 맞장구를 치고 흘려버리자. 그러면 상대방은 생색을 내고 싶어도 낼 수 없다.

"뭐야, 남 말하듯이."

"아이고, 감사하죠. 그때는 정말로 감사했습니다."

화를 내도 끝까지 남의 일이라는 분위기를 무너뜨리지 않는다.

생색을 내려고 하면 받아주지 않으면 그만이다. 옆구리를 찔러 절 받으려고 하면 옆구리를 찔리지 않은 척 시치미를 뚝 떼자. 명절에 받은 선물 중 우리 집에 필요하지 않은 물건을 이웃과 나눈다는 느낌으로 슬쩍 떠넘겨버리자.

생색내기를 좋아하는 사람에게 꼭 시험해보자!

유난히 생색내는 사람

속마음 영원히 '빚'을 남겨두고 싶다

NG 빚을 갚으려고 하는 건 밑 빠진 독에 물 붓기

OK "맞습니다"라며 남의 일처럼 맞장구 치고 흘려버리는 게 특효약

되받아치는 기술 24

부정적인 말로 분위기를 망치는 사람에게는 '무시하기' 전략을 쓴다

"새로 생긴 국숫집 가봤어? 거기 국물이 끝내주더라. 왜 줄까지 서서 먹는지 알겠더라니까."

"그래? 국물에서 깊은 맛이 안 나던데. 그런 걸 돈 주고 사 먹는 사람이 그렇게 많다는 게 이해가 안 가, 쯧쯧."

"●●가 프레젠테이션하는 거 봤어? 북극에서 냉장고를 팔 수 있을 만한 설득력이 있더라. 대단해!"

"내용 뭐 있었어? 파워포인트로 그럴싸하게 꾸며놓기만 했던데. 그거 다 눈속임이야."

무슨 일이든 김새게 만드는 사람이 있다. 누가 하는 말을 부정해야 직성이 풀리는 모양이다. 사람들이 들떠서 감동하

새로 생긴 카페 가봤어? 거기 케이크 끝내주더라. 늘 북적이는 데는 이유가 있더라고.
오! 오늘 갈까요?
거기 케이크 너무 달잖아? 그저 그런 흔한 케이크던데 왜들 저렇게 몰려가서 먹는지 이해가 안 가, 쯧쯧.
!
!
그런가……
다른 곳으로 가죠. 하하……
역시 난 특별해~!

는 일에도 시큰둥한 말투로 찬물을 끼얹어 화기애애한 분위기를 망친다.

물론 모든 사람 마음에 들 수는 없다. 마음에 들지 않을 수도 있다. 어떻게 생각하든 그건 개인의 자유다. 그러나 모처럼 들떠서 그 기분을 공유하려고 한 말에 그렇게 초를 칠 바에야 그냥 아무 말도 하지 않는 게 낫지 않을까.

게다가 이런 사람들은 조금만 수가 틀리면 발끈한다.

"사람들이 진짜 맛을 모른다니까."

"각자 입맛이 있잖아. 네 입맛에는 안 맞나보다."

"그래도 너처럼 먹고 와서 호들갑을 떠는 사람이 있으니 문제지."

"휴, 됐다, 됐어. 그만하자."

대충 끝내려고 하면 아예 본격적으로 물고 늘어지기 시작한다.

"그만하길 뭘 그만해. 네가 먼저 이야기를 꺼냈잖아. 그 집 가봤냐고 물어봐서 기껏 대답했더니."

"그래, 내가 잘못했다. 사람마다 입맛이 다를 수도 있지."

"입맛이 다른 게 문제가 아니라 입맛이 틀려서 문제지."

이렇게 말하면 저렇게 받아친다. 한 마디도 지지 않는다. 대꾸할수록 더 신이 나서 비평에 열을 올린다. 더는 말할 기력도 없다.

누구도 묻지 않은 비평을 장황하게 늘어놓는 사람의 장광설을 언제까지 듣고 있어야 할까? 듣기 싫은 비평을 딱 멈추게 할 마법의 주문은 없을까?

최근 비평가 행세를 하는 사람이 급증하고 있다

냉소적인 말투로 비평가 행세를 하는 사람은 '자신의 센스'를 자랑하고 싶은 사람이다. 대중과 다른 내 관점을 모두에게 알리고 싶어 한다. 이 '대중과 다르다'는 부분이 핵심이다. 대중과 달라야 한다는 강박관념에 매사를 삐딱하게 바라본다.

최근 각종 SNS에서 비평가 행세를 하는 사람이 늘어나고 있다. 누군가를 제물로 정하고 마녀사냥을 시작한다. 그 글을 본 사람들이 우르르 몰려들어 댓글을 달고 글을 퍼 나르며 삽시간에 불이 붙는다. 글을 보는 사람이 늘어나고 사람들의 관심이 집중된다. 온몸이 짜릿해진다. 이 관심을 마음껏 즐기고 싶다. 사람들의 관심이 곧 사는 낙이다…….

비평가 행세를 하는 사람은 인터넷에서 수시로 마녀재판을 벌이는 매사가 불편한 누리꾼의 오프라인 버전이다. 이런 사람들의 목적은 오로지 '관심'이다. 그래서 긍정하든 부정하든 소용이 없다. 무슨 말을 하든 입에 거품을 물고 비평하는 데

열을 올린다.

"어, 그래."

"뭐야? 몰랐어. 그 집 원래 골목상권 죽이기로 유명한 대기업 계열사잖아. 다 공장에서 만들어서 납품하는데, 워낙 언론에서 띄워주니까……."

예의상 보인 최소한의 반응도 좋지 않다. 물어보지도 않은 본격적인 비평을 쏟아내기 시작해 넌더리가 난다. 제발 그만해달라고 빌고 싶다. 짜증이 화로 발전하기 직전이다. 그만두게 할 좋은 방법 없을까?

깔끔하게 무시하고 단호하게 밀어낸다

비평가 행세를 하는 사람의 말을 '적당히 흘려듣는' 전략은 바람직하지 않다. '확실하게 무시'하는 전략을 쓰자. 관심을 즐기는 사람은 반응이 없는 상황을 못 견딘다. 아무 반응이 없고 대거리할 화제가 없어지도록 화제를 바꾸는 게 최선이다. 유독 신랄하게 비평가 행세를 하는 사람에게는 여러 사람이 뭉쳐서 맞서는 게 효과적이다. 비평을 시작하면 무시하고 그 사람만 쏙 빼놓고 다른 사람들과 신나게 이야기하자.

"새로 생긴 국숫집 가봤어? 거기 국물이 끝내주더라. 왜 줄까지 서서 먹는지 알겠더라니까."

"그래? 국물에서 깊은 맛이 안 나던데. 그런 걸 돈 주고 사 먹는 사람이 그렇게 많다는 게 이해가 안 가, 쯧쯧."

"국물 진짜 시원하더라. 국물이 예술이야. (슬쩍 눈빛을 교환하며) 우리 다음번에 또 갈까?"

"그 집은 아니라니까."

"(못 들은 척) 그래. 시원하게 한 사발하고, 오는 길에 편의점에서 아이스크림 어때?"

관심을 갈구하는 비평가의 '자랑스러운 센스'를 대답 없는 메아리로 만들고 무리에서 소외시키는 것이다.

비평을 시작하면 단호하게 무시하는 전략. 머릿속에 넣어 두었다가 꼭 도전해보자!

부정적인 말로 분위기를 망치는 사람

속마음 남들과 다른 생각을 하는 자신이 멋지다고 착각하며 산다

NG 상대가 긍정하든 부정하든 자기 비평에만 열을 올린다

OK 한 귀로 듣고 한 귀로 흘리며 대화에 끼워주지 않는다

되받아치는 기술 25

천재 행세를 하며 자기 할 일도 안 하고 남을 무시하는 사람에게는 '대량의 업무'를 맡긴다

"그렇게 목숨 바쳐 일해야 누가 알아준다고. 나처럼 적당히 즐기면서 해야지."

"요즘 영업은 머리야 머리. 미련하게 발로 뛸 생각을 하지 말고 머리를 굴려야지."

이렇게 매사 구차하게 땀 흘려 힘들게 살지 않는다는 주의로 일관하는 사람이 있다. 말처럼 일을 잘하면 모르겠는데, 실제 업무는 그저 그런 수준이라 한심하다. 속으로 '너나 잘해'라며 혀를 끌끌 차게 된다.

"힘들게 일하는 다른 사람들은 바본가요? 그렇게 여유를 부리니까 실적이 그 모양이죠."

너무 열심히 일하는 거 아냐?
그렇게 목숨 바쳐 일해야 누가 알아준다고. 나처럼 적당히 즐기면서 해야지.
흣!
적당히 즐길 여유가 있어? 부럽다. 그럼, 이것도 좀 부탁해.
응?!

"눈에 보이는 실적을 내고 나서 그런 말씀하시죠."

가끔은 따끔하게 쏘아붙이고 싶기도 하다.

"젊어 고생은 사서도 한다잖아요. 체력이 있을 때 열심히 일해야죠."

"일단 성과를 내고 나서 질을 따지는 게 낫지 않을까요?"

마음씨 곱고 친절한 사람이라면 자상하게 조언해줄 수도 있다. 그러나 이런 노력은 역효과를 낼 뿐이다.

"네, 그렇지만 시대가 달라졌다니까요. 아직도 그렇게 고리타분한 소리를 하는 사람이 있나요."

"그럼요, 조만간 실적을 낼 테니 꼭 지켜봐주세요."

먼 산을 보며 천재 연기에 여념이 없다. 말이 전혀 통하지 않는다.

천재 연기에 취한 사람은 입을 다물지 않고 함께 일하는 사람들의 스트레스는 나날이 쌓여만 간다. 업무에 진척이 없고 좋은 일도 없다. 어떻게 해야 좋을까?

'고고한 천재'가 될 수 없는 '고고한 범재'

이런 사람들은 '진짜 천재'를 흉내 내고 있다. 아마존의 제프 베조스나 테슬라의 일론 머스크, 세상을 떠난 애플의 스티

브 잡스처럼 성격은 까칠해도 확실하게 결과로 보여주는 천재가 집중 조명을 받는 세상이다. 이들 천재를 모르는 사람은 없다. 누구나 우러러보는 존재다.

그들처럼 성공하려면 다시 태어나지 않는 한 승산이 없어 보인다. 그런데 곰곰이 생각해보니 그들 말투 정도는 따라 할 수 있을 것 같다. 그래서 일단 천재처럼 말해보기로 했다. 그래서 천재 흉내를 내는 사람들은 무슨 일만 있으면 유명인을 끌어들이곤 한다.

천재를 흉내 낼 거라면 그들의 노력도 본받으면 좋으련만, 안타깝게도 그 부분은 쏙 빼놓는다. 노력은 힘들기 때문이다. 노력은 귀찮다. 그래서 '고고한 천재'가 될 수 없는 '고고한 범재'가 증식하고 있다.

엎친 데 덮친 격으로 이 자칭 천재에게는 '남을 깔본다'는 특징이 있다. 천재 행세를 하는 사람들은 주위의 평범한 사람이 노력하는 모습을 '고리타분하다', '시대착오', '효율이 떨어진다' 같은 말로 깎아내린다. 그래서 주변의 친절한 조언도, 비꼬기도 전혀 효과가 없다. 자칭 천재의 머릿속에는 오로지 자신만이 선택받은 천재여서 어리석은 일반인이 하는 말에는 귀를 기울일 필요가 없기 때문이다.

어지간해서는 이 피곤한 이들을 이길 수 없다. 어떻게 하면 좋을까? 그 잘난 입을 다물게 하고 평범한 사람처럼 노력하는 사람으로 바꾸어놓을 방법은 없을까?

압박을 가해 성장시킨다

천재 연기에 푹 빠진 사람에게는 '압박'을 가하는 전략이 잘 통한다. 자신의 주장대로 천재임을 인정해주자. 그리고 천재가 아니면 도저히 할 수 없는 대량의 업무를 떠맡기자. 이 방법밖에 없다.

"그렇게 목숨 바쳐 일해야 누가 알아준다고. 나처럼 적당히 즐기면서 해야지."

"적당히 즐길 여유가 있어? 부럽다. 그럼, 이것도 좀 부탁해."

"……."

"요즘 영업은 머리야 머리. 미련하게 발로 뛸 생각을 하지 말고 머리를 굴려야지."

"한 수 배웠습니다. 그럼 담당 구역 몇 개쯤 늘려도 충분히 감당할 수 있겠군요. 효율적으로 잘 부탁합니다."

"……."

천재 놀이를 즐기는 사람은 '약한 소리를 하는 건 볼썽사납다'는 사고방식의 소유자라 인상을 쓰면서도 마지못해 떠넘긴 일감을 받아든다.

발등에 불이 떨어져서 이리 뛰고 저리 뛰는 모습을 보여주고 나서 '도저히 못하겠다'고 우는 소리를 늘어놓으면 따뜻하게 다독여주자. 반대로 압박감을 이겨내고 정말로 천재로 성장한다면 그건 그대로 반가운 소식. 상생할 수 있는 전략이다. 입만 살아서 고뇌하는 천재 연기에 푹 빠진 사람에게는 정신이 번쩍 들 정도로 과중한 압박을 가해 진짜 천재인지 아닌지를 시험해보는 게 최선이다!

천재 행세를 하며 남을 무시하는 사람

속마음	겉으로만 천재 흉내를 내는 중이다
NG	무슨 말을 해도 평범한 사람은 이해 못한다며 무시한다
OK	대량의 업무를 맡겨 압박을 가한다

되받아치는 기술 26

자기 취향만 고집하는 사람에게는 '가짜 지식'을 동원하여 마음이 흔들리게 한다

"우리 집은 텔레비전 없앴어. 너는 아직도 텔레비전 봐? 재밌어?"

"이 와인에는 오리가 어울리지. 소고기랑은 마리아주가 좋지 않아."

"이 어플 없으면 기획서 어떻게 썼을까 몰라. 너도 이거 써 볼래?"

음식, 패션, 취미, 일하는 방식……. 유독 취향이 뚜렷한 사람이 있다. 취향을 고집하는 건 좋은데, 때로 남의 취향을 성가시게 간섭한다. 각자 취향을 존중해달라고 따끔하게 되받아치고 싶다.

요즘 누가 발라드 듣냐?
힙합이 최고 아냐?
?
HiPHOP
들어볼래?
쿵!
쿵!
쿵!
요!
에이~

"텔레비전 보는 게 낙이야."

"충분히 맛있는데요."

"그 어플이 아니라도 난 불편하지 않았어."

'내버려 둬, 나한테는 내 방식이 있어'라고 반론하는 것이 이런 사람에게는 통하지 않는다. '풋' 하고 쓴웃음을 지으며 '그래, 네가 뭘 알겠니'라는 시선으로 바라본다. 그게 더 아니꼽다.

본인의 까다로운 취향을 강조하는 버릇도 짜증난다. 취향을 강요하는 듯한 태도도 화가 난다. 무시하는 듯한 눈빛도 거슬린다. 무슨 좋은 수 없을까? 현명하게 되받아칠 방법 없을까?

'가짜 취향'과 '진짜 취향'은 다르다

부탁하지도 않았는데 자신의 취향을 강요하는 사람은 '얄팍하고 얕은 취향'의 소유자다. '진짜 취향'을 가진 사람은 큰 소리로 떠벌리지 않는다. 혼자 조용히 자신의 취향을 즐긴다. 아니, 취향이라기보다 삶의 방식에 가깝다. 그래서 무척 겸손하며 '사람마다 제각각 다른 삶의 방식이 있다'는 사실을 알고 있다.

텔레비전에서 요란하게 떠드는 화제를 슬쩍 피하고 약간의 와인을 만족스럽게 음미하며 언제 어디서나 취향에 맞는 대상을 찾아 즐긴다. 취향이 하루하루 생활에 뿌리를 내리고 있어 굳이 요란스럽게 주장할 필요가 없다.

반면 큰소리로 취향을 떠들고 다니며 타인에게까지 강요하는 사람은 자신의 취향을 아직 자신의 것으로 만들지 못한 것이다. 패션에 비유하면 그 옷을 아직 소화하지 못한 상태라 불편하고 불안해서 견딜 수 없다.

자기 취향이 의심스러울수록 '제 취향 나쁘지 않죠?', '제 취향 믿고 맡겨보세요'라며 남에게 확인하려 애쓰는 게 자신의 취향을 강요하는 사람의 심리다.

"사람마다 취향이 다르잖아. 나도 취향이 있어. 그러니 내 취향을 존중해줘."

이렇게 말하자마자 마음속에서 기회를 엿보며 똬리를 틀고 있던 불안이 기지개를 켜고 일어나 분탕질을 시작한다.

"흥! 아무것도 모르면서."

그래서 자신의 동요를 감추기 위해 과장되게 남의 취향을 깎아내리기 시작한다.

반론해도 소용없다. 그렇다고 감탄하고 인정해주면 기가 살아 호들갑이 더 심해진다. 이렇게 다루기 어려운 사람에게 도대체 뭐라고 되받아쳐야 할까?

거짓 정보로 '한판 뒤집기' 성공!

한 가지 좋은 수가 있다. 자신의 취향을 강요하는 사람에게는 이쪽의 취향을 주장하며 부딪쳐보자.

"우리 집은 텔레비전 없앴어. 너는 아직도 텔레비전 봐? 재밌어?"

"뭐야, 몰랐어? 요즘 텔레비전이 다시 뜨고 있잖아."

"이 와인에는 오리가 어울리지. 소고기랑은 마리아주가 좋지 않아."

"어머, 음식 궁합 몰라? 건강하게 살고 싶으면 음식을 먹을 때 궁합이 맞게 먹어야 해."

"이 어플 없으면 기획서 어떻게 썼을까 몰라. 너도 이거 써볼래?"

"요즘 누가 이런 어플을 써? 다시 아날로그가 대세야."

물론 되받아치는 내용은 되는대로 지어낸 엉터리라도 상관없다. '누군가에게 들었다'거나 '전문가의 글에서 봤다'처럼 그럴듯한 정보원을 슬쩍 끼워 넣는 게 핵심이다. 어차피 자기 취향을 강요하는 사람의 취향은 누군가에게 빌려온 물건과 같기 때문이다. 인터넷에서 봤거나 그 취향을 가진 지 반년도 채 되지 않았을 공산이 크다.

그런데도 자기가 그 분야를 훤히 꿰고 있는 듯 시비를 걸면

진짜 정보로 '역공'을 걸어 한판 뒤집기를 시도해보자. 믿는 구석이 없다 보니 돌연 약한 모습을 보이며 모호한 말을 중얼거리면서 물러날 것이다.

가짜 취향에는 가짜 취향으로 받아치자. 독으로써 독을 다스리는 정신으로 승부를 걸어보자!

자기 취향만 고집하는 사람

속마음 얄팍하고 깊이가 얕은 취향이라 내심 불안함을 가지고 있다

NG 반론하면 멋대로 남의 취향을 깎아내린다

OK 가짜 지식을 들이밀어 동요하게 한다

되받아치는 기술 27

"나 때는 말이야" 하며 옛날이야기를 늘어놓는 사람에게는 '세대 차이'를 일깨워준다

짜증 지수 71%

"나 때는 말이야, 일할 때는 일하고 놀 때는 또 얼마나 신나게 놀았다고."

"전에 사업부에 있었을 때 내가 낸 기획으로 대박이 났거든. 한 건 아주 크게 터트렸지."

이렇게 자신의 과거 영광이나 무용담을 떠벌리는 사람이 있다.

듣는 사람은 '아, 그러셨구나' 이상의 감정이 들지 않는다. 다 지나간 옛날이야기를 들으며 형식적으로 맞장구를 쳐주어야 하는 상황은 고문이나 다름없다. 게다가 과장이 심해 사실인지 아닌지 알 수도 없고 은근슬쩍 잔소리와 훈계를 섞어대

요즘 힘든 일 없어?
아, 네……
나 때는 말이야, 매일 야근하고 막차 끊겨서 회사에서 자고 다음날 아침에……
그때 내가 낸 기획으로 대박이 났거든. 한 건 아주 크게 터뜨렸지.
…
아, 지금이 제일 힘들다
ㅜ_ㅜ

니 한층 성가신 데다 요즘 시대에 맞지도 않는 이야기다. 듣고 있으면 울화가 치밀 때도 있다.

"시대가 달라졌어요."

"아니, 시대랑은 상관없지. 내 이야기를 제대로 듣기는 한 거야?"

반론하면 정색하고 한번 해보자는 거냐며 성낸다. 그렇다고 적당히 맞장구를 쳐주면 신이 나서 옛날이야기를 끝없이 늘어놓는다. 한숨을 내쉬며 심드렁한 반응을 보여도 이런 사람은 워낙 둔감해서 옛날이야기를 멈추지 않을 확률이 높다.

나이 든 사람들끼리 동창회 분위기로 달아오르는 건 어쩔 수 없다손 치더라도 이쪽으로 불똥이 튀니 문제다. 흘러간 옛 시절 이야기를 떠벌리는 사람들을 한마디로 잠잠하게 만들 수 있는 되받아치는 비결 없을까?

과거밖에 보지 않는 꿈나라에 사는 사람

왕년에 잘나가던 시절 이야기를 자랑스럽게 늘어놓는 사람은 과거밖에 보지 않는 사람이다. 현재에 충실하지 않고 미래를 향한 희망을 품을 수 없는 사람이다. 그래서 자신이 빛나던 시절, 자신이 가장 잘나가던 때의 기억을 기회가 있을 때마다 주섬주섬 풀어낸다.

그렇게 항상 과거에 눈을 두고 살면 당연히 시간 감각이 이상해진다. 우리에게는 호랑이 담배 피우던 시절 이야기라도 그들에게는 바로 어제 일어난 일처럼 생생하다. 그 시절의 상식이 아직도 통용된다고 착각하며 산다. 그래서 '시대가 변했다'고 반론하는 게 통하지 않는다.

현실을 일깨워주려 애써봤자 귓등으로도 듣지 않는다. 어차피 과거밖에 보지 않기 때문이다. 다른 시대에 사는 사람이라 아무리 말해도 잠꼬대 같은 소리만 늘어놓는다.

무슨 말을 해도 옛날이야기 속 세상에서 나오려 하지 않는 사람과는 말이 통하지 않는다. 무척 곤란하다. 어떻게 해야 꿈나라에 사는 이들을 현실 세계로 나오게 할 수 있을까?

"언제 적 이야기를 하시는 겁니까?"

"제발 정신 좀 차리세요."

그만 꿈에서 깨어나 현실 세계로 돌아오라는 메시지를 전하려면 어떻게 해야 할까?

"저는 그때 태어나지도 않았어요"라며 세대 차이를 강조한다

과거밖에 보지 않고 시간 감각이 이상해진 사람에게는 '세대 차이'를 일깨워주는 게 가장 효과가 좋다.

"나 때는 말이야……."

"언제 적 이야기죠?"

"어디 보자, 1995년이었나?"

"와, 저는 그때 태어나지도 않았어요."

"……."

"전에 사업부에 있었을 때……."

"사업부요? 요즘은 없어진 부서잖아요?"

"맞아. 그 시절이 그립네."

"아, 엄마가 결혼 전에 한때 좋았던 시절이 있었다고 말씀하시는 걸 들은 적이 있어요."

"……."

이렇게 '언제?', '몇 년 전?'인지를 확인하고 '나는 아직 태어나지도 않았다', '엄마가 그런 말씀을 하셨다'라며 지금 하려는 이야기가 아주 오랜 옛날이야기임을 상기시키자. 세대 차이를 느끼면 자연스럽게 얼마나 많은 세월이 흘렀는지를 떠올릴 수 있다. 자기 발언이 얼마나 시대에 뒤떨어졌는지 그제야 알 수 있다.

과거에만 눈을 두고 사는 사람에게는 야무지게 현실을 들이밀며 빨리 꿈에서 깨어나라고 일깨워주자. 그래야 함께 미래로 눈을 돌려 대화를 나눌 수 있다!

"나 때는 말이야" 하며 옛날이야기를 늘어놓는 사람

속마음 시선이 과거에 머물러 있는 사람

NG "시대가 변했다"는 말은 귀담아 듣지 않는다

OK 부모님 세대의 일이라며 시대착오를 일깨워준다

part 4

이기적이고 배려심 없는 말로 속을 뒤집어놓는 사람에게 되받아치기

되받아치는 기술 28

센 말로 밀어붙이는 사람에게는 똑같이 '센 말'로 상대의 말을 끊는다

"이 조건이면 거저나 마찬가지예요. 밑지는 장사라니까요. 계약서에 사인만 하세요. 볼펜 여기 있습니다."

"자자, 일단 한번 들어가서 보기만 하세요. 안 사도 좋아요. 그냥 쭉 둘러보기만 하세요. 보는 건 공짜랍니다."

상점에서 물건을 파는 판매사원, 보험이나 금융상품을 파는 영업사원, 단골 거래처 담당자……. 어딜 가든 억지로 밀어붙이는 사람이 있다. 자칫 정신을 놓고 있다가는 어느새 저쪽 페이스에 말려들어 이러지도 저러지도 못하게 된다.

살 생각이 전혀 없던 물건을 사거나 집에 가서 꼼꼼히 읽어보고 인터넷 검색도 해보고 천천히 가입하려던 보험이나 금

너무 잘 어울린다!
안 사도 되니까,
자, 입어만 봐~!
이렇게
밀어붙이면
다 사지~
됐어요.
집에 티셔츠 많아요.
내가 실패하다니……

융상품을 덜컥 가입해버릴 때도 있다. 일단 상대의 페이스에 말려들면 쉽사리 벗어날 수 없다.

"잠깐만요."

"생각할 시간 좀 주세요."

"고객님, 제가 고객님 시간 아껴 드릴게요. 그냥 사인만 하시면 돼요."

"완판 직전이라 지금 안 사면 또 언제 들어올지 몰라요."

차분하게 속도를 조절하려고 하면 긴박한 분위기를 조성하며 결정을 서두르라고 다그친다.

"아니요. 오늘은 아닌 것 같아요."

"생각해보니 자주 안 쓸 것 같아요."

딱 잘라 거절하면 달콤한 목소리로 살살 달래기 시작한다.

"어머, 고객님. 어떤 부분이 마음에 안 드시죠?"

"제가 어떻게 해드릴까요?"

찰거머리처럼 달라붙는 이 사람을 어떻게 거절해야 할까? 어떤 말로 물리칠 수 있을까?

기세가 90퍼센트, 내용은 그다음 문제

무언가를 강요하는 사람은 기운을 중시한다. 내가 망설이는데도 자신이 원하는 방향으로 밀어붙이는 경우, 나중에 곰곰이 생각해보면 앞뒤가 맞지 않는 이야기일 때가 많다. 그런데 그 순간에는 알아차리지 못한다.

남에게 무언가를 강요하는 사람은 '기'가 센 사람들이기 때문이다. 소통에서 70퍼센트 이상은 언어 이외의 요소(몸짓이나 표정)**가 차지한다는 말이 있다. 기가 센 사람은 일단 분위기를 몰고 간다. 그리고 이야기의 논리적 구성이나 맥락을 따지지 않는다. 기선을 제압하고 일단 싫다는 말을 하지 못하게 억지로라도 고개를 끄덕이게 만든 다음 일사천리로 계약과 결제까지 밀어붙인다.**

이 흐름이 워낙 자연스러워서 당하는 사람은 자신이 당하는지도 모를 때가 많다. 아예 일종의 영업 전략으로 확립되어 있다. 어리숙한 손님은 산전수전 다 겪은 전문가의 '말발'을 이길 수 없다. 전문가에게 걸리면 입도 벙긋하지 못하고 카드를 내주고 사인까지 마친다.

틈을 보이면 파고들어 찰거머리처럼 달라붙는다. 딱 잘라 거절하면 입 안의 혀라도 된 듯 손님의 비위를 맞추며 살살 달랜다. 다시 생각해보겠다고 하면 협박조로 윽박지른다.

빠져나갈 구멍이 없다. 어떻게 이 위기에서 빠져나올 수 있을까? 거미줄에 걸린 연약한 날벌레처럼 아무리 발버둥 쳐도 이들의 마수에서 벗어날 수 없단 말인가?

흐름을 되돌리는 마법의 주문

상대가 세게 나오면 이쪽도 세게 나가야 하는 법이다. 평소에는 쓰지 않는 센 말로 상대의 말을 뚝 끊어버리자.

"자, 여기 볼펜 받으시고. 사인하세요."

"아, 볼펜은 됐고요. 사인 안 하면 어떻게 되는데요?"

"고객님, 제가 고객님 시간 아껴 드릴게요. 그냥 사인만 하시면 돼요."

"아뇨. 저는 남아도는 게 시간이에요. 아껴주시지 않아도 괜찮아요."

"됐어요"라는 퉁명스러운 한마디로 잔소리를 퍼붓는 부모님의 기운을 쭉 빼놓는 초등학생처럼 마법의 주문으로 '반사' 하자! 상대의 페이스를 끊어놓고 랩을 하듯 빠른 말투로 말도 되지 않는 이야기를 주워섬길수록 빠르게 효과를 볼 수 있다.

'이 사람, 뭐야?'

상대가 일단 당황하면 기선 제압에 성공한 것이다. 기 싸움에서 80퍼센트는 이기고 들어갈 수 있다.

흠칫하고 머뭇거리기 시작하면 이유를 적당히 둘러대고 빠져나오자.

"아, 회사에서 전화가 오는군요."

"집에 가서 가족이랑 상의해볼게요."

그 자리에서 판단하지 말고 최대한 빨리 몸을 빼는 게 관건이다. 전문가가 깔아놓은 판, 그들이 쳐놓은 거미줄에서 한시라도 빨리 벗어나야 한다. 아무 때나 마법의 주문을 남용하는 건 금물이나 긴급 상황에서는 꼭 활용해보자!

센 말로 밀어붙이는 사람

속마음 기 싸움에서 이겨 승낙을 받아내는 기술

NG 정상적인 방법으로는 승산이 없다

OK 기 싸움에 말려들지 말고 상대의 흐름을 끊어놓자

되받아치는 기술 29

구구절절 변명을 늘어놓는 사람에게는 일단 정확히 사과부터 받는다

짜증 지수 78%

"복사기 상태가 이상해. 시작 버튼을 눌렀는데 먹통이라 어쩔 수 없이 전원을 껐다가 켰더니 그제야 돌아가기는 했는데, 이번에는 용지가 걸리더라고. 다 꺼내서 정리하고 있는데 하필 또 거래처에서 전화가 와서……."

"완성도가 떨어진다고 저한테 뭐라고 하시면 안 되죠. 이거 원래 그쪽 부서 일 아닌가요? 은근슬쩍 떠넘기지 마시고요. 저도 한다고 했는데 그렇게 트집을 잡으시면 제가 더 할 수 있는 게 없어요."

유난히 변명이 많은 사람이 있다. 입만 열면 자신의 잘못이 아니고 어떠한 경위로 이런 일이 벌어졌는지를 구구절절 늘

왜 이렇게 늦었어요?
여기……
내 잘못이 아냐……
복사기 상태가 이상해요. 시작 버튼을 눌렀는데 먹통이라 어쩔 수 없이 전원을 껐다가 켰더니 ……
이번에는 용지가 걸리더라고요. 다 꺼내서 정리하고 있는데 하필 또 거래처에서 전화가 ……

어놓는다. 굳이 변명을 들어줄 이유가 없어 짜증이 난다.

"변명은 그만두시죠."

"변명이 아니라 왜 이렇게 됐는지 설명하는 거예요."

치밀어 오르는 짜증을 꾹꾹 누르며 따져보지만 변명을 멈추지 않는다. 영원히 만날 수 없는 평행선을 달리는 기분이다. 어떻게 해야 변명을 멈추게 할까?

온갖 변명을 늘어놓는 사람의 입을 다물게 할 수 있는 무슨 좋은 방법 없을까?

왜 우리는 변명이 듣고 싶지 않을까?

변명을 입에 달고 사는 사람의 머릿속에는 '자기변호'나 '자기합리화'밖에 들어 있지 않다. 내 잘못이 아니니까 나한테 뭐라고 하지 말라는 것이다. 그래서 설명을 빙자한 변명을 줄줄이 늘어놓는다. 듣고 있으면 신물이 나서 무심코 목소리가 커진다.

"변명은 집어치우시죠!"

화를 내도 소용이 없다. 상대가 우물쭈물 변명을 멈추고 입을 다물어도 마음속의 응어리는 사라지지 않는다. 그렇다고 따져 물어도 의미가 없다. 앞으로 어떻게 할지 구체적인 개선

책을 듣고 싶은데 그 부분은 쏙 빼놓는다. 치밀어 오른 화가 좀처럼 가시지 않는다.

왜 이런 일이 벌어질까? 어떻게 해야 이 답답함을 풀 수 있을까?

변명이 아닌 사과가 듣고 싶다

변명을 늘어놓는 사람에게는 딱 부러지게 '사과'를 요구해야 한다.

"복사기 상태가 이상해. 시작 버튼을 눌렀는데 먹통이라 어쩔 수 없이 전원을 껐다가 켰더니 그제야 돌아가기는 했는데, 이번에는 용지가 걸리더라고. 다 꺼내서 정리하고 있는데 하필 또 거래처에서 전화가 와서……."

"알았으니까 일단 사과부터 해. 다들 자료가 안 와서 얼마나 많이 기다렸는지 알아?"

"응?"

"됐으니까 사과하라고."

"아, 늦어서 미안해."

"완성도가 떨어진다고 저한테 뭐라고 하시면 안 되죠. 이거 원래 그쪽 부서 일 아닌가요? 은근슬쩍 떠넘기지 마시고요.

저도 한다고 했는데 그렇게 트집을 잡으시면 제가 더 할 수 있는 게 없어요."

"아, 어느 부서 일인지 따지는 건 됐고. 일단 사과하시죠."

"네? 제가 왜 사과해야 하죠?"

"다들 어제부터 목이 빠지게 기다린 거 몰라요?"

"아, 네. 늦어서 죄송합니다."

일단 사과를 들으면 마음속에서 치밀어 오르던 부아가 조금은 잠잠해진다. 그러면 변명을 늘어놓아도 한 귀로 듣고 한 귀로 흘릴 수 있는 여유가 생긴다. 변명이 귀에 거슬리는 건 사과를 듣지 못해서다. 애초에 자기변호에 필사적인 사람은 사과를 하지 않아 듣는 사람의 화를 돋운다.

먼저 사과하지 않고 설명을 이어가거나 개선책을 말하지 않기 때문에 듣고 있으면 짜증이 난다. 마음속으로 상대가 사과하기를 바란다. 그렇다면 상대에게 먼저 "사과하라"라고 분명히 말하자.

변명하는 사람도 일단 사과하고 나면 자기변호 할 마음이 어느 정도 사라져 냉정하게 상황을 판단할 수 있게 된다. 변명하는 횟수도 줄어든다. 물론 사과를 요구했다고 해서 순순히 사과한다는 보장은 없다. 그래도 일단 사과를 요구해야 어설픈 변명을 계속 늘어놓지 않는다.

앞으로는 딱 부러지게 '사과하라'고 요구하자!

구구절절 변명을 늘어놓는 사람

속마음 필사적으로 자기변호를 하고 있다

NG 따져봤자 화가 누그러지지 않는다

OK 먼저 '사과하라'고 요구하면 오히려 일이 쉽게 풀릴 수 있다

되받아치는 기술 30

같은 말을 끊임없이 반복하는 사람에게는 '무심한 태도'와 '무반응'으로 일관한다

오늘도 지긋지긋한 설교가 이어졌다. 알았다고 대답해도 했던 말을 하고 또 한다. 술자리나 회식 자리에서도 별반 다르지 않다. 외울 정도로 들은 농담이나 케케묵은 왕년의 무용담을 몇 번씩 반복한다.

같은 말을 하고 또 하는 사람의 이야기를 듣고 있으면 내 머리까지 이상해지는 기분이 든다.

"전에 들은 적 있어요."

"아, 그 이야기죠? 지난번에 말씀하셨어요."

몇 번 당하고 나면 나름대로 요령이 생기지만, 이 방법은 자주 쓸 수 없다. 실례라며 시뻘겋게 달아오른 얼굴로 고래고

자네는 좋겠어.
상사가 꼰대가 아니라서~
하하
상사
내가 대박 낸 거 말해줬나? 그러니까 말이야, 내가 자네 급수쯤 되었을 때……
아, 그 이야기 전에도 들었어요.
이미 다섯 번째……
제대로 듣지도 않고, 어디서! 어?!

래 소리를 지르는 사람이 있는가 하면, 나이가 들어서 기억력이 예전만 못하다며 서글픈 얼굴로 지적한 사람을 민망하게 만들며 죄책감을 자극하는 사람도 있다.

"어? 그 이야기 아닌데."

"에이, 내 이야기 듣기는 했어? 그거 아니야. 제대로 듣지도 않았군. 오늘 처음부터 차근차근, 자세히 이야기해줄 테니 잘 들어봐."

최악은 능글맞게 받아치며 본격적으로 판을 벌이는 사람이다. 이런 사람에게 잘못 걸리면 운수 사나운 날이다. 아주 사람 속을 뒤집어놓기 때문이다. 그렇다면 어떻게 대처하는 게 좋을까?

속으로는 딴 생각을 하며 형식적인 반응을 보이면서 참고 견디는 수밖에 없을까?

무한 반복되는 대화에 지쳐서 정신적으로 녹초가 될 때까지 넋 놓고 있을 수밖에 없을까?

'관심병 환자'가 같은 소재를 돌려쓴다

같은 이야기를 몇 번씩 반복하는 사람은 다른 사람의 '반응'을 원하는 사람이다.

술자리를 예로 들면 다른 사람이 박장대소하며 재미있다고 말하게 하거나 다른 사람을 감탄시키고 싶은 마음, 즉 다른 사람의 관심을 원하는 감정을 억누를 수 없다. 그래서 언젠가 한번 반응이 좋았던 이야기나 호응을 끌어냈던 이야기를 지겹도록 우려먹는다.

잔소리도 같은 구조다. 고개를 숙이며 죄송하다고 말하는 모습을 보고 싶어서 지긋지긋한 설교를 수없이 반복한다. 그러나 밑천이 얼마 없어 같은 소재를 이리저리 돌려쓴다. 관심은 받고 싶으면서도 새로운 소재를 찾으려는 노력은 하지 않는 것이다.

SNS에서도 주기적으로 같은 글을 올리며 '좋아요!'를 구걸하는 사람을 볼 수 있다. 이런 사람이 원하는 것 역시 다른 사람의 관심이다. 따라서 그가 올린 글에 어떤 반응이든 보여주면 그 사람의 장단에 놀아나게 된다.

'관심을 갈구하는' 승인 욕구는 누구에게나 있다. 그러나 관심병 환자는 도가 지나치다. 더구나 노력은 하지 않은 채 구태의연한 레퍼토리를 우려먹으며 호응만을 얻으려 해서 더 문제다. 그 때문에 주위 사람들이 힘들어지므로 누군가는 따끔하게 혼쭐을 내서 정신이 번쩍 들게 해야 한다. 어떤 방법이 효과적일까? 관심을 갈구하는 관심병 환자에게는 '무반응 전략'으로 일관하자.

‘무한 반복’에는 ‘정지 화면’으로 대응하자

최고의 무반응 전략은 ‘무표정’이다. 아무 표정도 드러내지 않고 무표정을 유지하자.

몇 번씩 들은 농담에는 어색한 미소도, 지긋지긋하다는 표정도, 심드렁한 반응도 보이지 말자. 그저 무표정으로 담담히 듣는 것이다. 무표정으로 묵묵히 젓가락질에 집중하거나 무표정으로 맥주를 주문하자. 귀가 따갑도록 들은 잔소리에는 반성하는 표정도, 반항하는 표정도 보여주지 말자. ‘무심한 태도’와 ‘무표정’으로 대응하자. 무슨 말을 들어도 무표정으로 빤히 마주 보자.

한참 이야기하는 도중에 상대의 표정이 갑자기 싹 사라진다면 얼마나 무서울까. 말하는 사람은 등줄기가 서늘해지지 않을까.

“아, 이 이야기 전에 했나?”

“미안! 잔소리가 너무 길었나?”

반성하며 화제를 바꿀 때까지 꿋꿋이 무반응으로 일관하자. 이야기가 바뀌면 평소 얼굴로 돌아와도 상관없지만, 다시 같은 이야기를 시작하면 무표정으로 전환하자. 이 과정을 반복하자. 무한 반복되는 동영상에는 정지 화면으로 대응하는 게 최고다!

같은 말을 끊임없이 반복하는 사람

속마음 관심과 반응을 손쉽게 얻고 싶다

NG 어떤 반응을 보여도 무한 반복의 지옥에서 벗어날 수 없다

OK '무표정'으로 상대를 떨게 하자

되받아치는 기술 31

소문을 옮기기 좋아하는 사람에게는 말귀를 못 알아듣는 척하며 얼버무린다

"○○ 과장 알지? 이번에 ㅁㅁ부서로 좌천된대. 그 건 때문에. 그 건 몰라? 너만 알고 있어. 요즘 사내에 도는 소문인데……."

"들었어? △△ 씨 결혼한다더라. 게다가 속도위반이래. 만난 지 얼마나 됐다고. 완전 번갯불에 콩 구워 먹는 속도 아냐? 잘 살까 몰라."

"●● 씨 이야기 들었어? 남편이랑 문제가 있나 보더라고. 왜 저번에 아이가 아파서 학교를 쉰다 어쩐다 했잖아."

시시콜콜한 소문을 좋아하고 입만 열면 어디서 주워들은 소문을 남에게 옮기고 다니는 재미로 사는 사람이 있다. 연예

저 사표 냈어요.
정말?!
!!
너, 그거 알아?
이 대리 사표 냈대.
정말요?!
!!
아, 이 대리,
능력 있어 보였는데……
그런데 뭘 적어요?
내가 이 바닥 소식통이야!
소문
수첩

인 이야기라면 그런 쓸데없는 이야기도 재미있게 들어줄 수 있겠지만 같은 커뮤니티에 속한 사람의 소문이라면 듣고 있기 곤란할 때가 많다.

적당히 들어주며 고개를 끄덕인다고 끝날 일이 아니다. 얼마 지나지 않아 소문을 들어준 사람에게도 피해가 온다. 내가 자리를 뜨면 내 이야기를 할까 두려워 마음 놓고 화장실에 갈 수도 없다.

'인간관계의 지뢰밭' 같은 이런 사람을 어떻게 피해가면 좋을까?

'자만', '중상', '공범'이 3대 요소

소문 퍼뜨리기를 즐기는 사람의 목적은 세 가지다. 바로 '자만', '중상', '공범'이다.

먼저 '자만'.

"그 이야기 들었어?"

"응. 알고 있어."

기회가 생기면 다가와 재빠르게 눈을 초롱초롱 빛내며 의미심장하게 건네는 한마디. 그 이야기를 알고 있다고 대답하면 김이 새는지 심기가 불편해진다. 소문을 즐기는 사람들은

"못 들었는데", "몰라. 무슨 이야긴데?"라는 선망의 시선을 즐기고 싶다. 그래서 평소 정보 수집에 여념이 없다.

이어서 '중상'. 좋은 소문보다는 나쁜 소문이 훨씬 많다. 남의 불행은 꿀맛이다. 그 사람을 안줏거리 삼아 씹으며 자신의 행복을 확인하고 싶다는 병적인 심리다.

마지막으로 '공범'. 누군가의 험담을 하는 건 옳지 못한 행동이다. 여기저기 소문을 전하고 다니는 사람은 나쁜 짓을 함께하는 공범 관계를 제안하는 셈이다.

'내가 그런 말을 퍼뜨리고 다녔다고 어디 가서 말하기만 해봐라. 너도 똑같은 사람인 거야.'

'내가 이 바닥 소식통이야. 내 정보가 얼마나 대단한지 너도 인정할 수밖에 없을걸.'

'완벽한 사람이 어딨어. 흠집 좀 내볼까.'

'나랑 공범이 되겠다고 약속해.'

소문을 즐기는 사람은 이러한 것을 당신에게 강요하고 있다. 그러니 이런 사람에게 적당히 맞춰주면 당신도 소문에 가담한 사람이 된다. 소문을 전하는 사람은 한 곳에서만 소문을 떠들지 않는다. 그리고 "●● 씨가 그러더라"며 마지막에 당신이 한 말을 슬쩍 곁들여서 퍼뜨린다.

그렇다고 남 말은 하고 싶지 않다고 선을 그으면 따돌림을 각오해야 한다. 공범 관계를 대놓고 거절해 괘씸죄가 적용되

기 때문이다. 억지로 화제를 바꾸려고 해봤자 능수능란하게 화제를 돌려놓는다. 인간 개미지옥이다. 발버둥을 쳐도 모래 함정 속으로 계속 빨려 들어간다. 아찔하다. 개미지옥에서 빠져나올 수 있는 비결이 없을까?

'이야기한 보람이 없는' 바보는 이길 재간이 없다

인간 개미지옥에서 빠져나오려면 '바보 행세'만큼 좋은 방법이 없다. 입 아프게 이야기한 보람이 없는 사람이 되는 수밖에 없다.

"○○ 과장 알지? 이번에 ㅁㅁ부서로 좌천된대."

"아, 네."

"그 건 때문에. 그 건 몰라?"

"어, 무슨 건인데요?"

"너만 알고 있어. 어디 가서 나한테 들었다고 하지 말고. 요즘 사내에 도는 소문인데……."

"오, 그런 일이 있었어요. 몰랐어요."

"어때?"

"뭐가요? 글쎄요."

뜬금없는 소리를 늘어놓으며 심드렁한 반응을 보이고 말끝을 흐리며 바보 행세를 하면서 절대 자신의 의견을 말하지 않는다.

"글쎄요"와 "잘 모르겠는데요"를 적당히 반복한다.

모처럼 남에게 소문을 전하며 짜릿한 쾌감을 느끼려 했던 계획이 어긋나면 김이 팍 샌다. 반응이 좋은 다른 사람을 찾아 나선다. 두 번 다시 당신에게는 소문을 이야기하러 오지 않을 공산이 크다. 파벌 다툼이나 발목 잡히고 싶지 않은 귀찮은 일이 생겼을 때도 응용할 수 있는 기술이다.

소문 폭탄을 돌리는 지뢰밭 같은 사람을 만나면 섣부른 반응이나 되받아치기는 지옥으로 가는 지름길이다. 바보 연기야말로 지뢰밭에서 살아 나오는 최고의 생존 전략이다!

소문을 옮기기 좋아하는 사람

속마음 자랑하고 싶고, 누군가를 흠집 내고 싶고, 공범을 만들고 싶다

NG 어설프게 동조하거나 선을 그으면 지옥행 열차 탑승

OK 바보 행세를 하며 스스로 말하고 싶지 않게 만드는 수밖에 없다

되받아치는 기술 32

반말로 친근한 척하는 사람에게는 꼬박꼬박 '존댓말'하며 거리를 둔다

그다지 친하지 않은 사람, 한두 번밖에 만나지 않은 사람에게 갑자기 이런 메시지를 받으면 어떤 기분이 들까?

"야, 오랜만이다. 잘 지내지?"

"조만간 한잔하러 가자. ○○ 얼굴 보는 게 사는 낙이다."

뭐야, 이 사람 왜 이래? 나를 언제 봤다고 친한 척이지? 소름이 쫙 돋는다. 광고성 스팸 전화나 치근덕거리며 작업을 건다면 딱 잘라서 거절하고 통화 종료 버튼을 눌러버리면 그만이지만 업무상 엮인 관계라면 매몰차게 밀어낼 수도 없다. 어설프게 거절하면 무례한 사람이라고 따지고 들며 화를 낼 수도 있기 때문이다.

안녕하세요.
어?
네……
새로 왔다며? 나도 신입이야. 하하하
너무 가까워
조만간 신입끼리 한잔해야지~!
툭!
죄송합니다. 제가 금주 중이라서요.
쭈욱~
!

그렇다고 받아주자니 후환이 두렵다. 한번 받아줬다가 수시로 연락이라도 해대면 삶이 고달파진다……. 어떻게 해야 이 친한 척 뻔뻔하게 선을 넘는 사람을 선 밖으로 밀어내고 내 평화를 지킬 수 있을까?

거리가 가까워도 너무 가깝다!

지나치게 붙임성이 좋아서 거부감을 주는 사람에게는 '거리 감각이 이상하다'는 공통점이 있다. 어떤 사람과 친해지고 싶고 이런저런 이야기를 나누는 관계로 발전하고 싶을 때 평범한 사람들은 천천히 시간을 들여 심리적인 거리를 좁혀 간다. 알고 지낸 지 몇 개월은 되고 그 사이 간간이 연락을 주고받고 나서야 어렵게 밥을 먹자거나 술을 마시러 가자는 이야기를 꺼내는 게 일반적이다.

그런데 친화력이 지나치게 발달한 사람들은 이 부분에 문제가 있다. 상대방이 펄쩍 뛰며 놀라 뒷걸음질을 칠 정도로 빠르게 거리를 좁혀 온다. 살짝 좁히면 그나마 다행일 텐데 단번에 성큼 코앞까지 바짝 다가온다. 그래서 이러면 상대는 본능적인 경계심이 작동해 저리 가라고, 다가오지 말라고 하며 거절하고 싶어진다.

악의가 없어서 더 힘들다. 그는 그저 친하게 지내고 싶거나 이미 친해졌다고 착각하고 있을 따름이다. 암묵적인 선이 보이지 않는 건지 지킬 생각이 없는 건지 알 수 없다. 어쨌든 당하는 사람은 기분이 좋지 않다. 하지 않아도 되는 쓸 데 없는 고민이 생겨 골치가 아프다.

유쾌한 상황이 아니라는 것을 강조하고 싶다. 커뮤니케이션의 기본에서, '받아들이는 사람의 생각이 커뮤니케이션의 결과'라는 말이 있다. 말하자면 '당신의 기분이 상했으면 기분 나쁘다고 인정해도 좋다'는 말이다. 상대의 의중은 알 바가 아니라는 사람의 일방적인 소통법은 문제가 있는 것이다. 악의가 있든 없든 기분이 나쁘다면 단호하게 거절하자.

물론…… 머리로는 알고 있다. 문제는 무난하게 멀어지게 만드는 방법을 모른다는 점이다. 분위기를 험악하게 만들지 않고 선 밖으로 물러나달라고 정중히 부탁하려면 어떻게 해야 할까?

거리를 멀어지게 만드는 제일 간단한 방법

친화력이 지나치게 좋은 사람을 밀어내는 데 가장 좋은 무기는 '존댓말'이다.

"야, 완전 오랜만이다. 잘 지내지?"

"잘 지내고 계십니까? 저는 요즘 피곤해서 그런지 컨디션이 별로입니다."

"조만간 한잔하러 가자. ○○ 얼굴 보는 게 사는 낙이다."

"연락 주셔서 감사합니다. 제가 요즘 일이 많아서 시간이 없습니다."

존댓말을 쓰기만 해도 심리적 거리가 멀어지게 만드는 효과가 있다. 부담스러울 정도로 친화력이 좋은 사람을 만나면 지나치게 정중하다고 여겨지는 존댓말을 구사해 대답하자. 저쪽에서 거리를 좁히며 불쑥 들어온다면 이쪽에서는 서너 발짝 뒤로 멀찍이 물러나며 서로의 거리가 좁혀지지 않도록, 일정한 간격을 유지하는 전략이다.

갑자기 존댓말을 쓰면 흠칫하고 물러나게 된다. 게다가 존댓말 전략을 쓰면 무례하다고 트집 잡혀 더 귀찮은 상황에 놓일 일도 없다. 최대한 정중한 말로 예의를 갖추어 말하고 있기 때문이다.

거래처 담당자에게 사적인 연락이 왔을 때, 나는 아직 친해질 준비가 되어 있지 않을 때, 사적으로 만나는 관계를 유지하고 싶지 않을 때 등의 상황에 사용해보자. 부담스러운 친화력을 발휘하는 사람에게는 실례가 되지 않는 선에서 데면데면하게 대응하는 게 철칙이다!

반말로 친근한 척하는 사람

속마음 거리 감각이 둔한 사람

NG 섣부르게 대응하면 뒤탈이 날 수 있다

OK 최대한 정중한 존댓말로 거리를 둔다

되받아치는 기술 33

남은 관심도 없는 자기 이야기를 끝없이 늘어놓는 사람에게는 '한 번 더 얘기해달라'고 요청한다

"A사랑 B사랑 사이가 좀 안 좋거든. 둘이 앙숙 관계라서. 그래서 이쪽저쪽 눈치를 봐야 하니까 그쪽이랑은 거래 안 하는 회사가 많아. 우리 회사쯤 되니까 둘 다 거래하지. 담당자가 누군지가 은근히 중요하다니까. 뭐, 내가 담당자라서 하는 소리는 아니고……."

"어제 친구랑 신발 사러 갔는데, 옆 가게가 동물병원이고 반려동물 분양도 하더라고. 근데 그런 데 보면 쇼윈도 너머로 안을 볼 수 있잖아. 거기에 너무나 인형처럼 생긴 토이 푸들이 있었거든. 친구가 그걸 보고 귀엽다고 입양하고 싶다고 해서……."

응
내 말 좀 들어봐.
A사랑 B사랑 사이가 좀 안 좋거든. 둘이 앙숙 관계라서.
그래서 이쪽저쪽 눈치를 봐야 하니까 그쪽이랑은 거래 안 하는 회사가 많아. 우리 회사쯤 되니까 둘 다 거래하지.
담당자가 누군지가 은근히 중요하다니까. 뭐, 내가 담당자라서 하는 소리는 아니고…….

남은 관심도 없는 자기 이야기를 줄줄 늘어놓는 사람이 있다. 듣는 사람의 반응은 아랑곳하지 않고 자기 성이 찰 때까지 떠든다. 좀처럼 끝낼 줄 모른다. 하품이 절로 난다. 지루하다는 태도를 보여도 눈치 채지 못하고 이야기를 멈추지 않는다.

"그래서 결론이 뭐야?"

"무슨 말이 하고 싶은 거야?"

듣다가 짜증이 나서 결론을 재촉할 때도 있다.

"대단하십니다." (영혼 없는 말투)

"대박!" (영혼 없는 말투)

한 귀로 듣고 한 귀로 흘려들으며 평정심을 유지할 자구책을 마련하곤 한다. 물론 훌륭한 해결책이 될 수 있다. 많은 사람이 매일 이렇게 '자기 이야기만 떠드는 수다쟁이 악당'의 공격을 막아내고 있다. 그런데 이 방법을 쓰면 말하는 사람은 해야 할 말을 다 하지 못해 불만이 쌓이고, 당하는 사람도 찝찝하다. 계속 들어주고만 있으면 녹초가 된다. 상대가 회사에서 높은 분이거나 연세가 드신 분이라면 함부로 재촉하거나 흘려들을 수도 없다. 바짝 긴장하고 정자세로 고문받는 시간을 견뎌야 한다.

자, 당신에게 완전히 새로운 해결책을 전수하겠다! 말하는 사람도 만족스럽게 떠들고, 듣는 사람도 즐거운 꿈같은 소통법이다.

남자의 자랑, 여자의 쓸데없는 수다

남자는 주로 자기 자랑을 떠벌리는 데 시간을 쏟고 여자는 주로 쓸데없는 수다를 늘어놓는다. 자기 이야기만 하는 사람은 말하는 행위 자체에 기쁨을 느낀다. 쉽게 말해 노래방과 같다. 마이크를 잡고 목이 터지도록 노래를 부르고 한바탕 소리를 지르고 나면 속이 후련해진다. 그 맛에 노래방을 이따금씩이라도 가곤 하는 것이다. 누구에게나 스트레스를 해소할 권리는 있으니 누군가에게 말하고 싶다는 욕구 자체를 탓할 수는 없다.

문제는 이야기의 질이다. 시답잖은 이야기만 골라 하는 것이다. 듣고 있으면 시간 낭비처럼 느껴진다. 말투, 속도, 내용, 순서……. 같은 이야기라도 말하는 방법에 따라 무척 재미있는 이야기가 될 수도 있고 하품이 나올 정도로 지루한 이야기가 될 수도 있다. 개그맨이나 유능한 사회자는 자신의 에피소드를 맛깔나게 이야기하는 재주가 있다. 재미만 있다면야 얼마든지 들어줄 수 있다. 하지만 그런 재주가 없는 일반인의 정리되지 않고 요점도 모르겠고 재미까지 없는 이야기는 듣고 있기가 힘들다.

이 마법의 해결책만 알면 말하는 사람을 말하기의 달인으로 만들어줄 수 있다.

시시한 이야기일수록 몇 번씩 반복하게 한다

마법의 해결책이라고 해서 거창한 방법은 아니다.

"지금 한 이야기 한 번 더 해줄 수 있어?"

상대의 이야기가 얼추 끝나면 부추기자. 말하자면 앙코르를 요청하는 전략이다. 속는 셈 치고 한번 시험해보자. 상대는 '뭐?'라며 당황하면서도 처음부터 같은 이야기를 다시 시작한다.

그러면 무슨 일이 일어날까? 기적이 일어난다. 이야기에서 군더더기가 사라지고 강약이 생긴다. 무조건 먼저 했던 이야기보다 재미있어진다. 원리는 간단하다. 같은 이야기를 두 번 하면 머리가 어느 정도 정리되어 쓸데없는 힘을 빼고 재미있는 부분만 쏙쏙 골라내서 이야기하기 때문이다.

"들을수록 재밌어지네. 한 번만 더 해줘."

전략이 성공했으면 적절히 추임새를 넣어 부추기자. 이야기를 반복할수록 완성도가 높아진다. 이야기는 점점 재미있어지고 듣는 사람도 덜 지루하게 시간을 보낼 수 있다. 이 황당한 해결책에는 장점이 참 많다.

일단 듣는 사람이 지치지 않는다. '참고 들어주고 있다'는 수동적 자세에서 '한 번 더!'라며 앙코르를 외치는 관객이 되면 공연장의 열기를 즐길 때처럼 이야기를 즐길 수 있다. 말하는 사람은 듣는 사람 하기 나름이다. 말하는 사람의 성장을 지켜보며 뿌듯한 마음으로 들어보자.

말하는 사람의 기분도 배려해줄 수 있다. 한두 번 듣고 나서 이야기를 끊더라도 하나도 불쾌하지 않다. 같은 이야기를 이미 여러 번 반복했기 때문이다. 이 방법은 당신이 최고의 에피소드를 완성할 때도 사용할 수 있다. 연애담, 실패담, 각종 무용담……. 몇 번씩 이야기하는 과정에서 완성도가 높아진다. 물론 텔레비전에 나오는 말 잘하는 사람들도 같은 방법을 쓴다.

자기 이야기만 떠드는 사람에게는 이야기를 끊지 말고, 말솜씨를 갈고닦을 기회를 주자. 발상의 전환이 당신의 인생을 편안하게 만들어줄 수 있다!

남은 관심도 없는 자기 이야기를 끝없이 늘어놓는 사람

속마음 노래방에서 악을 쓰며 노래하는 사람이나 다름없다

NG 이야기를 끊거나 흘려듣는 방법으로는 서로 스트레스만 쌓인다

OK '한 번 더'를 외치면 서로 만족할 수 있다

되받아치는 기술 34

자기가 얼마나 노력했는지 강조하나 결과가 안 좋은 사람에게는 '노력이 부족하다' 대신 '좀 더 열심히 하라'는 말로 격려해준다

"오늘 종일 외근. 점심도 거르고 진짜 열심히 돌아다녔어."

"나 너무 바쁜데. 그래도 널 위해서 특별히 시간을 냈지."

"집안일 반씩 하잖아. 퇴근하면 애도 봐주고. 내가 얼마나 열심히 돕고 있는데."

노력을 알아달라고 유난히 강조하는 사람이 있다. 열심히 하고 있다, 노력하고 있다, 힘쓰고 있다……. 칭찬받아 마땅하나 안타깝게도 이렇다 할 성과가 없으면 듣는 쪽에서는 칭찬할 맛이 나지 않는다.

"열심히 한다고 다 되는 줄 알아!"

그렇다고 직설을 날리면 이런 사람은 단단히 삐쳐서 한동

오늘 종일,
점심도 거르고
진짜 열심히 쓴
기획서입니다.
뭐야, 너무
엉망이잖아.
수고했어.
다음에는 밥 챙겨 먹고
힘내서 좀 더 열심히 해봐.
!!
네!
더 노력해
보겠습니다!

안 여러 사람을 불편하게 만든다.

'내 노력을 알아줘!'

'열심히 노력하는 내 모습을 봐줘!'

온몸으로 자신의 노력을 알아달라고 외친다.

물론 노력을 칭찬해주어야 한다는 걸 머리로는 알고 있다. 하지만 그리 대단한 일도 아닌데 굳이 칭찬해주어야 할 필요가 느껴지지 않는다. 기계적인 칭찬 말고 더 나은 방법이 있을 것 같다. 문제는 그 방법을 모르겠다. 뭐라 말해야 좋을지 몰라 머릿속이 복잡하다.

상대의 기분을 거스르지 않고 내 마음도 편해지게 말할 방법 없을까?

노력하는 자신의 모습에 취한 사람

노력을 알아달라고 요구하는 사람은 자신에게 취한, 즉 자아도취적인 성향이 있는 사람이다.

'노력'은 마약 같은 특성이 있다. 사람이 무기력하게 살면 정신적으로 병든다. 반대로 정신없이 분주하게 움직이면 집중력이 떨어져 아무래도 확실한 성과를 낼 수 없을 때가 많다. 물론 결과적으로 다른 사람에게 도움이 될 때도 있다. 그러나 기본적으로 자기 노력을 알아달라고 요구하는 사람은 자신을 위해 노력한다. 독불장군처럼 오로지 자기만족을 위해 애쓴다. 그 속이 훤히 들여다보일수록 보는 사람은 짜증이 난다.

우리는 어려서부터 노력은 대단한 일이라고 배우며 자랐기에 노력한 이후의 일에는 무관심하다. 좋은 결과를 내지 못한 건 운이 나빴기 때문이라고 믿는다. 그래서 노력을 과대평가하는 사람의 귀에는 '노력' 이외의 단어는 아예 들리지 않는다.

"성과를 내야지."

"열심히 했거든? 나 노력한 거 몰라!?"

"방법이 잘못됐어. 앞으로는 이 방법으로 해봐."

"과정을 봐야지. 결과만 따지면 어떡해? 나 노력하는 모습 못 봤어?"

이야기의 방향이 달라 서로 스트레스만 쌓인다.

그렇다면 어떻게 되받아쳐야 이 노력 지상주의자의 마음을 바꾸어 제대로 일할 수 있게 만들 수 있을까?

'더 열심히 해보자'는 말로 더 노력하게 만든다

노력을 강조하는 사람에게는 '더 열심히 노력하자'는 말로 채찍질해보자.

“오늘 종일 외근. 점심도 거르고 진짜 열심히 돌아다녔어.”

“수고했어. 다음에는 밥 챙겨 먹고 힘내서 좀 더 열심히 돌아다녀.”

“나 너무 바쁜데. 그래도 널 위해서 특별히 시간을 냈지.”

“그래. 다음에는 시간을 좀 더 넉넉하게 잡자. 그래야 지각 안 하지.”

“집안일 반씩 하잖아. 퇴근하면 애도 봐주고. 내가 얼마나 열심히 돕고 있는데.”

“잘 알고 있어. 그런데 더 잘할 수 있는 것도 알아. 좀 더 부탁할게.”

노력 지상주의자들은 어쨌든 ‘노력’을 좋아하고, 머리를 써서 생각해야 하는 일은 싫어한다. 누가 시켜서 하는 일을 고분고분 따르고 싶어 하지도 않는다. 어쩔 수 없다. 더 노력하는 수밖에.

칭찬하지 않아도 상관없다. 더 노력하라고 채찍질해주자. 그러면 노력에 목을 매는 노력 지상주의자로 사는 이상 더 노력하는 수밖에 없다. 다만 ‘노력이 부족하다’는 부정적인 말만은 꾹 참고 넣어두자. 이렇게 하라, 저렇게 하라는 지시도 금물이다.

“그래. 더 노력해줘.”

이 단순한 한 마디면 충분하다.

"더 잘할 수 있을 텐데. 다음에는 더 노력해볼래?"

여유가 있을 때는 적당히 어르고 달래는 말을 요령껏 곁들여도 좋다.

노력을 알아달라고 부르짖는 사람에게는 더 노력할 기회를 주는 게 서로 스트레스 받지 않고 만족할 만한 성과를 낼 수 있는 방법이다!

자기 노력을 강조하나 결과가 안 좋은 사람

속마음 단순히 '노력하는 자기 모습'에 취해 있다

NG '결과를 보여달라', '제대로 하라'라는 직설은 상대를 삐치게 만든다

OK 채찍질하며 더 노력하라고 격려해주자

자기 비하를 가장해 자랑하는 사람에게는 '걱정을 가장한 비꼬기'로 대응한다

"숫자만 나오면 머리에 쥐가 나는데 나 같은 사람한테 영업을 맡기고, 우리 회사도 참."

"다들 동안이라 부럽다고 하는데 나는 동안이 콤플렉스야. 업무상 만나는 사람들이 어리다고 자꾸 얕보거든."

"회사에서 쉴 틈을 안 주네. 내가 일개미야, 상머슴이야? 다들 나한테만 일을 맡기고."

자랑을 자랑 같지 않게 하는 사람이 있다. 자신은 한심한 사람이라고 말하면서 은근히 자랑을 내비치는 사람. 자기 비하인 척 자랑하는 사람. 자의식 과잉에 관심받기를 즐긴다. 진절머리가 나고 성가시다.

숫자만 나오면 머리에 쥐가 나는데 나 같은 사람한테 영업을 맡기고, 우리 회사도 참.
결국 자기 자랑이네?
하긴 너 학교 다닐 때 수학은 꽝이었잖아.
하하 그랬지

어쩔 수 없이 "네가 어때서"라고 형식적인 위로를 건네면 입꼬리가 슬슬 올라간다. 하는 수 없이 칭찬하면 입이 귀에 걸린다. 보고 있으면 이상하게 불편해진다.

"영업 체질이 아닌가 보네."

"사람들이 널 우습게 보는 거 아냐?"

"어차피 다 잡무잖아?"

대놓고 비꼬아봤자 소귀에 경 읽기다.

"그러게 말이야!"

희한하게 신이 나서 맞장구를 친다. 이게 또 거슬린다.

왜 비꼬기가 통하지 않을까? 이런 사람들에게 차라리 대놓고 자랑을 하라고, 그렇게 구질구질한 방식으로 자랑하지 말라고 따끔하게 되받아쳐줄 수 없을까?

촘촘히 깔린 '승인 욕구'의 덫

자기 비하인 척 자랑하는 사람은 승인 욕구로 똘똘 뭉쳐 있다. 원래 자랑이란 다른 사람을 짜증나게 만드는 행위다. 거들먹거리면 반감을 살 수도 있다. 그래도 어떻게든 자랑하고 싶고 감탄을 듣고 싶은 사람이 이 '자기 비하 자랑'이라는 기술을 만들어냈다.

먼저 '숫자에 약하다', '동안', '일개미' 등의 단어로 자신을 비하한다. 그리고 태세를 전환해 '잘 나가는 영업사원', '나이보다 젊어 보인다', '회사의 기대를 한 몸에 받는 유망주'라는 정말로 하고 싶은 말을 한다.

이 화법에는 두 가지 노림수가 있다. 먼저 전반의 자학 부분을 다른 사람이 그렇지 않다고 위로해주기를 바란다. 그리고 후반의 자랑 부분을 칭찬해주기를 원한다. 잘만 하면 갑절로 승인 욕구를 충족시킬 수 있다. 위로해주면 과장되게 한 번 더 자신을 비하할 수 있고, 칭찬을 받으면 겸손한 척하며 속으로는 입이 찢어지도록 웃는 과정을 무한히 반복할 수 있다.' 게다가 노골적인 자랑이 아니라 '잘난 척하지 말라'는 말을 하기도 어렵다. 그러면 말하는 사람이 나쁜 사람이 되는 느낌이 든다.

그야말로 난공불락의 전략. 어떻게 되받아쳐도 자랑을 멈추지 않는 개미지옥 같은 화법이다. 딱 한마디로 상대방의 입을 다물게 만들 수 있는 방법은 없을까?

걱정을 가장한 비꼬기로 대응

자기 비하로 자랑을 덮는 사람을 공략할 때는 먼저 '자학'

부분에 집중하자. 자기 비하를 위로해주는 것에서 탈이 난다. 그러니 상대방의 가짜 자학을 있는 그대로 받아서 오히려 걱정해주자.

“숫자만 나오면 머리에 쥐가 나는데 나 같은 사람한테 영업을 맡기고, 우리 회사도 참.”

“하긴 너 학교 다닐 때 수학은 꽝이었잖아.”

“나는 동안이 콤플렉스야. 업무상 만나는 사람들이 어리다고 자꾸 얕보거든.”

“확실히 동안이긴 해. 무시당하면 힘들겠다. 화장법을 바꿔보면 어때?”

“회사에서 쉴 틈을 안 주네. 내가 일개미야, 상머슴이야? 다들 나한테만 일을 맡기고.”

“진짜? 괜찮아? 건강 검진은 받아봤어?”

이렇게 후반의 자랑 부분은 싹 무시하고 자학 부분과 관련해 걱정스러운 얼굴로 조언하자. 그러면 상대방은 자신의 의도가 빗나가 당황할 것이다. 게다가 이 방법으로 되받아치면 당신은 어디까지나 '걱정'하는 중이라 각을 세우지 않고 넘길 수 있어 일석이조다. 이 방법을 쓰면 다 죽어가듯 앓는 소리를 하다가도 갑자기 괜찮다며 꼬리를 내리고 물러난다.

'자기 비하를 가장한 자랑'에는 '걱정을 가장한 비꼬기'로 대응해보자!

자기 비하를 가장해 자랑하는 사람

속마음 승인 욕구에 집착하는 사람

NG 위로하든 칭찬하든 악순환의 고리를 끊을 수 없다

OK 자학 부분에 집중해 비꼬듯 때려주자

되받아치는 기술 36

호들갑스럽게 과장하며 말하는 사람에게는 '메모하는 척'하며 움찔하게 한다

"그날 화끈하게 밀어붙여서 계약을 무려 서른 건이나 따냈다니까!"

"부장님 가발이 훌러덩 벗겨졌지 뭐야. 다들 배꼽 빠지게 웃었어."

"거기가 아무나 갈 수 있는 숍이 아니야. 일종의 회원제 클럽이지. 회원 심사가 진짜 까다롭거든. 그래서 연예인이 많이 드나든대. 얼마나 긴장했다고."

이야기를 호들갑스럽게 과장하는 사람이 있다. 적당히 들어주려고 해도 정도가 지나치다. 빈 수레가 요란하다고, 워낙 호들갑스럽게 과장하니 오히려 수상쩍다. 곰곰이 따져보면

그날 계약을
무려 서른 건이나
따냈다니까!
하하
서른 건?!
정말요?!
와~
내가 군대 있을 때 집채만 한
호랑이가 나타난 거야!
호, 호랑이?
그건 좀……

누가 봐도 거짓말인데 본인은 시치미를 뚝 떼고 있다. 말을 지어내서 잘난 척을 하니 볼썽사납다.

"진짜야?"

"증거 있어? 사진이나 동영상 같은 거 없어?"

"뭐야. 꼬치꼬치 따지기는. 분위기 확 깨네."

진실을 캐물으면 분위기 파악 못 하는 사람 취급을 하며 핀잔을 준다. 잘못을 지적한 것인데 질투에 눈이 멀어 다른 사람을 저격하는 속 좁은 사람 취급을 받는다. 억울하다.

그렇다고 그냥 내버려두면 이야기에 점점 살이 붙는다. 거짓말이 나날이 늘어나 듣는 사람은 점점 스트레스가 쌓인다. 쓸데없는 이야기라면 그냥 넘긴다손 치더라도 일에 관계된 허풍이라면 나중에 사달이 날 수 있다. 허세 좀 그만 부리라고 지적하기도 어렵고 내버려두었다가는 큰일이 날지도 모른다. 이 허풍쟁이를 말릴 무슨 좋은 방법 없을까?

'허세'란 '분위기'다

허세를 부리며 말하는 사람은 '분위기'에 취해 말하는 사람이다. '분위기', 즉 그 자리의 분위기를 띄우는 게 목적이라 이야기의 사실 여부는 중요하지 않다. 이야기를 적당히 과장해 분위기를 살릴 수 있으면 그만이다. 투철한 서비스 정신으로 거짓말도 서슴지 않는 것이다. 즉, '허세'와 '분위기'와 '거짓말'은 한 묶음이다. 그래서 누군가가 허세 부리지 말라고 지적하면 너 때문에 분위기를 망쳤다며 핀잔을 준다.

이런 사람은 '분위기 메이커'라는 자신의 캐릭터에 나름대로 자부심이 있어 누군가 옳고 그름을 따지며 지적해도 받아들이지 않는다. 또 완전히 허무맹랑한 거짓말은 아니라 따지고 들기 민망한 부분도 있다.

앞에서 든 예를 보면 '계약을 성사시켰다', '부장님 가발이 벗겨졌다', '회원제 숍이다'는 사실 자체는 거짓말이 아니라 정말로 있었던 일, 즉 진실이다. 그래서 '거짓말하지 말라'고 되받아치는 것은 효과가 없다.

"거짓말이 아니다. 이야기를 재밌게 만들었을 뿐이다!"

소경이 개천 나무라듯 도리어 큰소리를 치니 할 말이 없다. 이 허풍쟁이의 '분위기 띄우기'에 제동을 걸어야 할 때, 어떻게 해야 할까?

신이 난 허풍쟁이를 순식간에 조용하게 만드는 방법

이야기를 과장하는 사람에게는 '메모'가 특효약이다.

"그날 화끈하게 밀어붙여서 계약을 무려 서른 건이나 따냈다니까!"

"와, 대단하시군요! 비법이 뭔가요? 다 같이 공유해서 우리 팀 실적이 오를 수 있게 자세히 알려주세요. 메모할 테니까 천천히요. 서른 건이라고 하셨죠?"

"아, 그게…… 서른 건은 좀 과장이고……."

"부장님 가발이 훌러덩 벗겨졌지 뭐야. 다들 배꼽 빠지게 웃었어."

"그 이야기 사내 게시판에 써도 될까? 재밌는 이야기는 다 같이 웃어야지. 그러니까 가발이 훌러덩 벗겨졌다는 거지?"

"아, 그러니까…… 구체적으로는 기억이 잘 안 나네……."

"거기가 아무나 갈 수 있는 숍이 아니야. 얼마나 긴장했다고."

"좋겠다! 나도 언제 한번 가보게 숍 이름 적어둬야겠다. 숍 이름이 뭐라고 했더라? 아무나 받아주지 않는 곳. 연예인도 볼 수 있다고 했지?"

"아, 그게……. 사실 나도 들은 이야기고 내가 직접 가본 건 아니라서. 이름까지는 모르겠네."

이야기에 과장을 섞을 기미가 보이면 어딘가 메모할 준비를 하자. 물론 스마트폰을 꺼내도 좋다.

눈앞에서 메모를 시작하면 사람은 긴장한다. 종이에 기록

이 남고, 데이터로 SNS에 발언이 남을 수 있어 순간적으로 심상치 않은 분위기를 감지한다. 이야기에서 허풍을 덜어내고 자연스럽게 사실관계만 말하게 만드는 즉효성이 있다.

이때는 그 이야기에 맞춰주는 시늉을 하는 게 핵심이다. '네 이야기를 토씨 하나 빼놓지 않고 다 받아 적겠다'는 마음가짐으로 신나게 기록을 남기는 데 집중하자. 이야기를 받아주는 척하면 상대방도 분위기를 망쳤다고 타박할 수 없기 때문이다.

'분위기 메이커'를 자처하며 이야기를 과장하는 사람에게는 제 꾀에 제가 넘어가도록 증거를 남기는 방식으로 대응하자!

호들갑스럽게 과장하며 말하는 사람

속마음 분위기를 띄우려고 거짓말을 섞는다

NG 사실 여부를 캐물으면 눈치 없이 분위기를 망친다고 구박한다

OK 메모를 남겨 거짓말을 견제한다

되받아치는 기술 37

바쁜 티를 많이 내는 사람에게는 "그래? 나는 한가한데!"라는 말로 머쓱하게 한다

"요즘 밥 먹을 시간도 없이 일하고 있어."

"이번 주에 두 시간밖에 못 잤어. 이러다 쓰러지겠다."

"할 일이 너무 많아서 정신이 하나도 없네."

입만 열면 바쁜 티를 내는 사람이 있다. 바쁘다, 시간이 없다, 잠잘 시간도 부족하다. 어쩌라는 건지. 도통 무슨 말을 하고 싶은지 감을 잡을 수 없다. 그래서 더 짜증이 난다.

"그래서 어쩌라고?"

"나도 바쁘거든."

비꼬는 방법은 통하지 않는다.

"바쁘면 좋지. 찾아주는 사람이 많다는 거잖아."

요즘 할 일이 너무 많아서
정신이 하나도 없네.
?
흣~
와, 나는 할 일이
하나도 없어.
...
하하하

칭찬 전략으로 바꿔도 역시 반응이 없다.

"밥 먹을 시간도 없어서 어쩐대? 그러다 몸 축나겠어."

걱정하는 말에도 상대방은 이렇다 할 반응을 보이지 않는다. 그저 '바쁘다'는 말만 반복한다. 도대체 왜 그럴까? 시원하게 되받아쳐줄 방법 없을까?

바쁘다는 말은 현실에 충실한 사람이라는 것을 강조하는 것

바쁜 티를 내는 사람은 자신이 무척 충실하게 살고 있음을 자랑하는 게 목적이다. '나는 하루하루 일과 삶의 균형을 유지하고 있다'고 다른 사람에게 인정받고 싶은 욕구다. 내가 바쁜 건 나를 찾는 사람이 많아서라는 자랑을 은연중에 내포하고 있다. 그러니 나를 칭찬해달라, 감탄해달라고 말하고 싶은 심리를 '바쁘다'는 말로 표현한다.

"우리 회사에서 나만큼 일 잘하는 사람은 없다."

"출중한 능력을 인정받아서 큰 프로젝트를 맡았어."

이렇게 대놓고 자랑하면 그나마 알기 쉽고 귀엽다. 그런데 대놓고 자랑할 솔직함도 자신감도 없는 사람이 '바쁘다'는 말로 두루뭉술하게 포장해 자랑한다.

'나는 시간을 충실하게 쓰며 열심히 사는 사람이다.'

'아무 생각 없이 멍하니 시간을 흘려보내는 너와는 다르다.'

이렇게 에둘러 자랑하고 싶은데 차마 하지 못하니 '바쁘다'는 말로 포장한다.

진짜 그렇게 바쁘냐고 따져 물으면 사실은 그 정도로 바쁘지는 않다고 대충 둘러대며 미꾸라지처럼 쏙 빠져나간다. 열심히 산다고 칭찬하면 자랑하려고 한 말은 아니라며 쑥스럽다는 듯 몸을 배배 꼰다. 어떻게 말해도 뺀질뺀질 자기 하고 싶은 말만 늘어놓으며 유유히 흘러다녀서 대화다운 대화가 이어지지 않는다.

슬쩍 칭찬해달라. 그렇다고 정색하고 따지지는 말아달라. 살짝 걱정만 해달라. 은근슬쩍 존경심을 내비쳐주면 더할 나위 없고. 이렇게 섬세한 승인 욕구의 표현이 '바쁘다'는 말의 정체다.

어떻게 해야 할까? 진지하게 받아주는 사람이 손해 아닐까? 적당히 쫓아버릴 좋은 방법 없을까?

'바쁘다' vs '한가하다'로 이야기가 평행선을 달리게 하자

유독 바쁜 티를 내는 사람에게는 '한가함'을 강조하며 대응하자.

"요즘 밥 먹을 시간도 없이 일하고 있어."

"그래? 나는 요즘 시간이 남아도는데……."

"이번 주에 두 시간밖에 못 잤어. 이러다 쓰러지겠다."

"나는 이번 주에 곰이 겨울잠 자듯 푹 잤어. 너무 많이 자는 것도 안 좋다던데……."

"할 일이 너무 많아서 정신이 하나도 없네."

"와, 나는 할 일이 하나도 없어."

바쁘다고 강조하며 인정받으려 할 때마다 차분하게 '한가하다'는 말로 대응하자. 물론 거짓으로 한가함을 둘러대도 상관없다. 너는 바쁘고 나는 한가하다. 이야기는 멋지게 평행선을 달릴 수 있다. 상대방이 뭔가 이상하게 자랑이 통하지 않는다며 떨떠름한 반응을 보이기 시작할 때를 노려 슬쩍 화제를 바꾸자.

"내가 이번에 맡은 일 말인데……."

"지난주에 모처럼 시간이 생겨서 남자친구랑 여행을 갔다 왔는데……."

상대가 구체적으로 자랑하면 평범한 대화를 이어나가도 좋다.

에둘러 말하는 의뭉스러운 자랑에는 장단을 맞춰주지 않는 게 철칙이다. 확실한 말로 대놓고 자랑하면 비로소 반응을 보여주자!

바쁜 티를 많이 내는 사람

속마음 현실에 충실하게 살아가고 있다는 것을 에둘러 자랑하고 싶다

NG 성실하게 반응해주면 손해

OK 한가함을 강조해 이야기가 평행선을 달리게 하자

| 맺음말 |

입술 깨물며 참지 않고, 멱살 잡지 않고, 사이다처럼 시원하게 한마디로 되받아치는 방법

세상이 시끄럽습니다. 뉴스를 봐도, 주위를 둘러봐도, 직장에서도, 거리에서도, SNS에서도 다들 화가 나 있습니다. 모두 한껏 까칠해져 있고 잔뜩 독이 올라 있습니다. 두터운 구름이 답답하게 하늘을 가린 느낌. 해가 떠도 뿌연 안개가 걷히지 않는 날씨 같습니다.

다들 건수만 생기면 마녀사냥에 열을 올립니다. 그렇게 마음속 응어리를 풀어내려고 발버둥 치고 있습니다. 부정적인 기운이 돌고 돌아 세상은 점점 더 각박해져만 갑니다……. 이런 세상 분위기를 바꾸고 싶다는 생각에서 이 책을 썼습니다.

주제는 '되받아치기'입니다. 막말을 듣거나 괴롭힘을 당하면 순간적으로 꿀 먹은 벙어리가 됩니다. 그런 상황을 맞닥뜨렸을 때 입술을 깨물며 참지 말고 그렇다고 멱살을 잡지도 않고 사이다처럼 시원하게 한마디로 되받아칠 방법이 없을까요.

그럴 수 있다면 가슴속의 답답함이 쑥 내려가며 명치에 걸린 듯한 응어리가 살살 풀릴 것입니다. 막말을 한 쪽에서도 자연스럽게 자기 행동거지를 바로잡고, 그렇게 조금씩 세상에 긍정적인 기운이 퍼져나가지 않을까요. 그런 염원을 담아 머리를 싸매고 지혜를 짜내 현명하게 '되받아치는 기술'을 고안했습니다. 한 마디 한 마디가 또박또박, 세상에 닿기를 바라며.

이 책에서 소개한 기술 중 하나라도 당신이 더 나은 일상을 보내는 데 보탬이 될 수 있다면 저자로서 더할 나위 없는 기쁨이 될 것입니다. 직접 말하지는 못하더라도 이 책을 훌훌 넘기다 문득 눈길이 멈춘 한 줄을 읽고 당신의 마음이 조금이라도 가벼워진다면 저자로서 맡은 바 소명을 다했다고 보아도 좋지 않을까요.

끝까지 읽어주신 독자 여러분에게 진심 어린 감사의 인사를 전하고 싶습니다. 인연이 된다면 또 다른 책에서 여러분과 만날 수 있기를 바랍니다

이오타 다쓰나리

선 넘으셨어요.
!!
하하